Dagmar Schäfer

Anna Amalia lädt zur Tafelrunde

Husum

Herzogin Anna Amalia

Vorwort

Die Faszination, die vom Weimarer Musenhof des 18. Jahrhunderts ausgeht, ist ungebrochen. Große Namen, Dichtkunst in höchster Vollendung speisen sie stets aufs Neue.
So viel Glanz lässt jene Frau, die Weimar erst aus einer beinahe noch mittelalterlichen Verschlafenheit weckte und den Aufstieg der Stadt zum Brennpunkt des deutschen Geisteslebens anbahnte, fast ein wenig in den Hintergrund treten: Herzogin Anna Amalia. Und doch gab sie die Anregungen, hielt die Fäden in der Hand, holte die „großen Köpfe" nach Weimar, ihre „Musensöhne".
Anna Amalias musische Neigungen waren nicht zufällig. Aufgewachsen in Braunschweig, verbrachte sie Kindheit und Jugend selbst an einem Musenhof. Ihre Eltern, Herzog Carl I. von Braunschweig-Wolfenbüttel und seine Frau Philippine Charlotte, gaben ihr eine gute Bildung mit auf den Weg – und Anna Amalia profitierte ihr Leben lang davon.
Sie kam gut vorbereitet nach Weimar. Trotz großen persönlichen Leids und großer Anstrengungen – nach nur zwei Jahren verlor sie ihren Ehemann und übernahm erst 19-jährig die Regierung des kleinen Herzogtums – fand sie letztlich doch günstige Voraussetzungen für ihr kulturelles Wirken. Zumal, als sie die Regentschaft ihrem Sohn Carl August übergab und sich nun ganz auf ihre musischen Neigungen konzentrieren konnte.
Sie tat dies mit der ganzen Kraft und Leidenschaft ihrer Persönlichkeit. Im Wittumspalais wurde Anna Amalia zur Salonière: Im Tafelrundenzimmer versammelten sich unter ihrem Vorsitz Künstler, Gelehrte und Mitglieder der Hofgesellschaft – Goethe, Herder, Wieland, später Schiller, Bertuch

u. a. Anna Amalias Musenhof entwickelte sich zu einem deutschen Pendant der Debattierclubs großer französischer und englischer Salonièren.
Anna Amalia rief mit den Tafelrunden eine ganz neue Art kultivierter Geselligkeit ins Leben. Zwanglos und relativ frei von höfischer Etikette wurde gelesen, gezeichnet, musiziert. Und – auf ebenso kultivierte, zwanglose Weise – auch gegessen und getrunken.
Für diese kulinarischen Genüsse sorgte Anna Amalias Mundkoch François le Goullon. Zwar blieb er stets im Hintergrund, wichtig für das Gelingen der Tafelrunden war er aber allemal. Mit nur zwanzig Jahren kam der Koch aus dem Elsass an den Weimarer Hof, und Anna Amalia war ihm als Salonière eine gute Lehrmeisterin.
Nach dem Tod der Herzogin publizierte le Goullon, was er an Anna Amalias Tafel jahrelang praktiziert hatte: Tafelfreuden und Tafelsitten so zu verbinden, dass eine Atmosphäre gepflegter Geselligkeit entsteht. Sein Buch „Der elegante Theetisch“ wurde ein großer Erfolg und erlebte vier Auflagen. Le Goullon verstand es, das Anliegen der Tafelrunden Anna Amalias dem überwiegend bürgerlichen Publikum nahezubringen.
Auch wenn seitdem viel Zeit vergangen ist – die Regeln gepflegter Geselligkeit am Teetisch gelten letztlich nach wie vor. Und all die Getränke, feinen Gebäcke, Cremes und glacierten Früchte – die schmecken heute ebenso. Das Probieren Goullon'scher Näschereien in geselliger Runde wird deshalb nachdrücklich empfohlen.

Erlöst von harten Banden

„Meine Erziehung zielte auf nichts weniger, als mich zu eine(r) Regentin zu bilden. Sie war, wie alle Fürstenkinder erzogen werden."
Lakonisch, ohne jede Illusion blickt die 33-jährige Anna Amalia in der autobiografischen Schrift „Meine Gedanken" auf ihre Erziehung als braunschweigische Prinzessin zurück.
Gerade steckt sie selbst in einer Erziehungskrise.
Der fünfzehnjährige Sohn Carl August macht es ihr nicht leicht, lässt sie an ihren Mutterpflichten mitunter fast verzweifeln. Vielleicht deshalb der recht abgeklärte Ton ihrer Rückschau, der Hauch von Müdigkeit, der Anflug von Resignation.
Freudlos nennt Anna Amalia ihre Jugend: „Nicht geliebt von meinen Eltern, meinen Geschwistern in allen Stücken nachgesetzt, immer zurückgesetzt, nannte man mich nur den Ausschuß der Natur." Durch diese harte Unterdrückung habe sie sich ganz in sich selbst zurückgezogen und eine gewisse Standhaftigkeit bekommen. „Ich ließ mich mit Geduld schimpfen und schlagen, und that doch so viel wie möglich nach meinem Sinn."
Bedrückend klingen diese Erinnerungen. Und doch sprechen aus ihnen schon jene Kraft und Energie, für die Anna Amalia später berühmt wird. Trotz aller Zwänge, denen sie lebenslang ausgesetzt ist – die Herzogin von Sachsen-Weimar-Eisenach schafft es dennoch, ein hohes Maß an Eigenständigkeit durchzusetzen.
Welche Widerstände und Widrigkeiten sich ihr auch in den Weg stellen: Sie tut so viel wie möglich nach ihrem Sinn.

Kindheit am Musenhof

Anna Amalia wird am 24. Oktober 1739 als fünftes von insgesamt 13 Kindern des Herzogs Carl I. von Braunschweig-Wolfenbüttel und seiner Frau Philippine Charlotte im Schloss zu Wolfenbüttel geboren. Carl I. regiert seit 1735 das kleine, stark zersplitterte Fürstentum. Durch seine Heirat mit einer geborenen Prinzessin von Preußen – Philippine Charlotte ist eine Tochter des „Soldatenkönigs" Friedrich Wilhelm I. – hat er sich außenpolitisch eng an das Königreich Preußen gebunden. Gerade auf dieses Königreich blickt wenige Monate nach Anna Amalias Geburt ganz Europa. Der „Soldatenkönig" stirbt und der feinsinnige wie machtbewusste Kronprinz Friedrich kommt nun in Preußen auf den Thron.
Aufgeklärt-absolutistisches Herrschen findet auch in Braunschweig-Wolfenbüttel statt.
Die üppige Hofhaltung und eine übergroße Armee verschlingen zwar einen großen Teil der Staatsfinanzen, dennoch fördert der Herzog Kunst, Musik und Bildung im Land. Er weiß sich darin einig mit Anna Amalias Mutter Philippine Charlotte. Neben ihren Pflichten als Fürstengattin widmet sie sich vor allem der Philosophie und Literatur. Die kleine Anna Amalia wächst in einer kulturell interessierten Umgebung auf. Die braunschweigische Residenz darf sich bereits zu dieser Zeit mit einer Bezeichnung schmücken, die der Weimarer Hof erst später erringt.
Sie ist ein Musenhof.

Fast ein Akt von Dressur

Die fürstliche Familie lebt im Schloss Wolfenbüttel, erst 1758 wird die Residenz nach Braunschweig verlegt. Wie ihre Geschwister, bereitet man auch die kleine Anna Amalia seit frühester Kindheit auf ihre künftige Aufgabe am Hof vor. Gouvernanten und Erzieher sorgen für Ausbildung und Erziehung. Und deren wichtigste Säulen heißen: Gottesfurcht, christliche Tugenden, angenehme Sitten.

Der Tagesablauf folgt strengen Regeln, ähnelt einem Dressurakt.

Morgens muss die Prinzessin zwischen 6 und 7 Uhr aufstehen. Eine Kammerfrau achtet auf die Hygiene, frisiert die Haare, legt die Kleidung an und verfasst einen Gesundheitsbericht. Es folgt eine Stunde Sprachunterricht – Italienisch oder Französisch. Zum Frühstück gibt es meist nur eine Suppe, danach wieder Sprachunterricht bis zur Mittagstafel. Es folgen Musik- und Tanzunterricht, abends eine kurze Zusammenkunft der Familie. Dann Abendbrottafel und Vorbereitung für die Nacht. Ab 21 Uhr ist Schweigen angeordnet.

Dieses Pensum kann mit der sehr sorgfältigen Ausbildung, die Anna Amalias älterer Bruder erhält, freilich nicht mithalten. Carl Wilhelm Ferdinand ist schließlich der Erbprinz!

Und doch kommt Anna Amalia in den Genuss einer guten Bildung. Der Vater, Zeitgenosse der Aufklärung und offen für neue Ideen, sorgt für gute Lehrer. Bildungsbeflissenheit hat in Braunschweig-Wolfenbüttel Tradition: Leibniz wirkte für einige Jahre in der Bibliothek in Wolfenbüttel, später beruft Carl I. den Dichter Lessing an seinen Hof.

Anna Amalia wird von Johann Friedrich Wilhelm Jerusalem unterrichtet, einem seit 1742 in braunschweigischen Diensten stehenden aufgeklärten

Theologen. Jerusalem berät den Herzog vor allem in Bildungsfragen, regt das Collegium Carolinum an, einen Vorläufer der späteren Technischen Hochschulen. Auch für die Volksschulen setzt er sich ein.

Als der Lehrer mit Anna Amalias Ausbildung beginnt, ist diese noch keine drei Jahre alt. Dennoch erkennt er bereits ihre geistigen Fähigkeiten. „Sie müssen wissen", schreibt er in einem späteren Charakter-Tableau über die Prinzessin, „dass diese von ihrem 2ten Jahre an meine Heroine gewesen ist." Ganz im Sinne aufgeklärter Pädagogik fördert Jerusalem Anna Amalias Möglichkeiten, bereitet sie auf ihre Pflichten als Erwachsene vor. Früh schon lenkt er – wie auch die anderen Lehrer – Anna Amalias Interessen in eine geistig-künstlerische Richtung.

Auch wenn sich Anna Amalia später so harsch über ihre Bildung und Erziehung äußert –, dem kulturell aufgeschlossenen Elternhaus, ihren aufgeklärten Lehrern aus dem Umkreis des Collegium Carolinum verdankt sie viel. Ohne die kulturell geprägte Atmosphäre am Hof, ohne die fundierte Ausbildung, ohne all die Interessen, Kenntnisse und Erfahrungen, die ihr am braunschweigischen Hof mitgegeben werden, wäre sie wohl später nie zum Mittelpunkt des gesellschaftlichen Lebens in Weimar geworden, hätte es den Weimarer Musenhof nicht gegeben.

Und auch nicht die berühmten Tafelrunden im Wittumspalais.

Prinzessin mit spitzer Zunge

Anna Amalia nimmt die Kultur am Hof tief in sich auf.
Da sind zum einen die Schauspielertruppen, die regelmäßig kommen. Carl I. heißt sie willkommen und fördert sie – ganz im Gegensatz zur üblichen Missachtung und Geringschätzung dieser Truppen im deutschsprachigen Raum. Besonders die Neuber'sche Truppe ist ein gern gesehener Gast in Braunschweig. Friederike Caroline Neuber, genannt die Neuberin, zählt zu den Lichtgestalten des deutschen Theaters, verbannt den Hanswurst von der Bühne, verhilft dem Schauspiel zu mehr Ernsthaftigkeit.
Da ist zum anderen die Musik, auch gefördert vom Vater. Anna Amalia öffnet sich ihr, bleibt ihr ein Leben lang treu. Der Hoforganist Friedrich Gottlob Fleischer erteilt ihr Musik- und Kompositionsunterricht. Mehrere Instrumente lernt die Heranwachsende zu spielen: das Klavichord, die Laute, die Harfe.
Anna Amalia ist eine gute Schülerin. Trotzdem fühlt sie sich zurückgesetzt. Denn ihre zwei Jahre ältere Schwester Sophie Caroline Marie läuft ihr stets den Rang ab, stellt sie in den Schatten. Die Ältere entspricht viel mehr dem Schönheitsideal der Zeit: Sie ist damenhafter, fügt sich besser den Forderungen der Etikette. Denn darauf kommt es an – eine Dame hat vor allem Toilette zu machen, hat verführerisch zu sein, hat vollkommen zu erscheinen. All das aber erreicht Anna Amalia nicht. Vor der geradezu perfekten Damenhaftigkeit der Schwester, die noch dazu von der Mutter bevorzugt wird, verblasst sie regelrecht.
Der Erzieher Jerusalem urteilt über die Fünfzehnjährige: „Sie hat die brillante Lebhaftigkeit nicht, aber eben den soliden Verstand, die feine Empfindung, das edele Hertz ... Ihr Geist hat die Zeit nicht gehabt, sich schon völlig

zu entwickeln, sie fängt erst an in der grossen Welt zu erscheinen, und sie hat noch nicht Muth genug, wie sie ist, zu scheinen ... Sie wird daher vielleicht nie von allen gekannt werden, denn sie wird auch ihre Wohlthaten verbergen, aber denen, die das Glück haben ihr nahe zu seyn, wird sie allemal unendlich schätzbar seyn."

Diese Einschätzung ist wohlmeinend, gewiss. Trotzdem kann sie nicht darüber hinwegtäuschen, dass Anna Amalia den Ansprüchen ihrer herzoglichen Umgebung nur ungenügend entspricht. Die Prinzessin beobachtet genau und liebt es, die Schwächen und Mängel ihrer Mitmenschen spöttisch zu kritisieren – ähnlich wie einst ihre Mutter am preußischen Hof. Und ebenso wie die Mutter erregt auch Anna Amalia mit ihrer spitzen Zunge Missmut und Irritation.

Der Verstand der Prinzessin ist vorerst nicht so sehr gefragt. Sie setzt ihn trotzdem ein, lernt lustvoll. Diese Lust am Lernen wird sie ihr Leben lang begleiten.

Am 28. Dezember 1754 wird Anna Amalia konfirmiert. Ihre Lehr- und Lernjahre sind nun beendet, ebenso die Kinder- und Jugendzeit. Die Erwartungen des Hofes richten sich jetzt nur noch auf ein großes Ziel:

Anna Amalia soll sich erfolgreich verheiraten.

Abschied von Braunschweig

Diese Heirat lässt gar nicht lange auf sich warten. Im Februar 1756 kommt der gerade für volljährig erklärte 18-jährige Ernst August II. Constantin, Herzog von Sachsen-Weimar-Eisenach, nach Braunschweig und hält um die Hand Anna Amalias an. Er hat es eilig mit der Hochzeit. Von schwacher Konstitution, muss der junge Herzog schnell für Nachkommen sorgen. Denn er ist der letzte männliche Spross seiner Familie.

Anna Amalias Eltern geben ihre Zustimmung zur Hochzeit, die auf den 16. März 1756 festgelegt wird. Lediglich drei Wochen bleiben Braut und Bräutigam, sich ein wenig kennenzulernen. Gemeinsam besuchen sie Bälle, Theateraufführungen, Maskenfeste, Konzerte. Wie geplant, werden beide in der Schlosskirche zu Braunschweig vermählt. Anna Amalia fügt sich in ihr Schicksal – etwas anderes kommt ihr offensichtlich auch gar nicht in den Sinn. Klaglos beugt sie sich der Konvention. Und trifft es dabei noch recht gut: Der Herzog teilt die musischen Neigungen seiner Frau.

Später beschreibt Anna Amalia ihre Verheiratung lakonisch als Befreiung, als Ende einer von ihr als bedrückend empfundenen Kindheit und Jugend in Wolfenbüttel und Braunschweig: „In meinem 16ten Jahre wurde ich aus denen harten Banden erlöset. Man verheirathete mich so wie gewöhniglich man Fürstinen vermählt.“

Auch ein Ehekontrakt wird geschlossen. Er regelt Anna Amalias Mitgift (18 000 Taler), ihre Einkünfte aus Braunschweig (6 000 Taler jährlich), eine Morgengabe ihres Gatten (5 000 Taler) und die Versorgung bei Verwitwung. Außerdem verzichtet die junge Herzogin auf alle Erbansprüche im Hause Braunschweig-Wolfenbüttel, falls männliche Erben vorhanden sind.

Weimar um 1785

Anna Amalia unterschreibt den Vertrag. Daran ändern hätte sie ohnehin nichts können.
Es wird ein prächtiges Hochzeitsfest. Der Braunschweiger Hof bietet allen nur möglichen Prunk und Pomp auf. Vier Tage wechseln Festmähler und Hofbälle, Theater- und Opernaufführungen einander ab. Kaum sind die Feierlichkeiten vorbei, reist das junge Paar ab – nach Weimar, in die neue Heimat Anna Amalias. Für lange Zeit nimmt sie Abschied von den Stätten ihrer Kindheit und Jugend.
Erst 15 Jahre später wird sie zu einem Besuch der Eltern zurückkehren.

Freude und Trauer

Vier Tage ist das frisch vermählte Paar unterwegs – vom wirtschaftlich und kulturell recht weit entwickelten Braunschweig ins bescheidene, abseits der großen Handelsstraßen gelegene Provinzstädtchen Weimar. 6 000 Einwohner leben in der fast noch mittelalterlichen Stadt. Die Stadtmauer mit vier Stadttoren umschließt niedrige Häuser und unbefestigte Straßen.
Am 24. März haben die Weimarer ihr Städtchen so recht und schlecht herausgeputzt für den Empfang des jungen Herzogspaares. Die Straßen sind vom gröbsten Unrat befreit, viele Schaulustige erwarten die Ankommenden. Im offenen Wagen fährt das Paar in die Stadt und das Schloss ein, die Glocken läuten zu ihrer Begrüßung.
Kaum kann Anna Amalia die neue Residenz in Augenschein nehmen, schon fährt das Paar weiter ins Schloss Belvedere in die Flitterwochen. Dort bleibt es bis zum Herbst.
Später resümiert Anna Amalia: „Sie werden glauben, da ich nun aus denen Fesseln befreiet war, müsste ich gewesen seyn wie ein junges Füllen, welches seine Freyheit bekomt; nichts weniger: ich fühlte mich vielmehr wie eine Person, die nach einer großen ausgestandenen Kranckheit in ihrer Gefesung (= Genesung) sich noch kraftloß fühlet."
Während das Paar in den Flitterwochen weilt, beginnt der Siebenjährige Krieg. Friedrich II., Anna Amalias Onkel, besetzt Kursachsen. Auch für das kleine Herzogtum Sachsen-Weimar-Eisenach beginnen die Sorgen. Zwar nimmt es nicht aktiv am Kriegsgeschehen teil, aber die durchziehenden Truppen saugen das Land über Jahre hinweg aus.
Am 3. September 1757 bringt Anna Amalia ihren Sohn Carl August zur Welt – die Aufgabe, einen Stammhalter zu gebären, hat sie damit erfüllt.

Carl August im Alter von fünf Jahren

Noch vor der Geburt des zweiten Sohnes Constantin wird die Herzogin Witwe. Ernst August II. Constantin stirbt am 28. Mai 1758. Bis sie selbst das Zepter in die Hand nehmen darf, regiert der Vater stellvertretend. Nur zwei Jahre hat ihre Ehe gedauert. Anna Amalia ist geschockt.

„… auf einmal erwachten bey mir alle Leidenschaften …“

„In meinem 18ten Jahre fing die größte Epoche meines Lebens an. Ich wurde zum zweytenmahl Mutter, wurde Wittib, Obervormünderin und Regentin. Die schnellen Veränderungen, welche Schlag auf Schlag kamen, machten einen solchen Tumult in meiner Seele, daß ich nicht zu mir selber komen konte. Ein Zusammenfluß von Ideen, von Gefühl, die alle unendwicklet waren, kein Freund, vor den ich mich aufschließen konte! Ich fühlte meine Untüchtigkeit, und dennoch musste ich alles in mir selber finden.“
Anna Amalia ist innerlich zerrissen. Sie durchlebt eine Zeit „des Nebels und der Finsternis“. Doch jetzt kommt ihr die Standhaftigkeit, die Ausdauer, die sie in den Jahren der Zurücksetzung am Braunschweiger Hof erworben hat, zugute. Selbstbewusst, resolut kämpft sie um die Regentschaft über das kleine Herzogtum und die Vormundschaft für ihre beiden Söhne. Leichtes Spiel hat sie dabei keineswegs. Weder ist der Witwenstand sonderlich anerkannt, noch kann sie damit rechnen, dass die regierende Männerwelt einer so jungen Frau wie ihr allzu viel zutraut.
Am 30. November 1758 diktiert sie ihrem geheimen Kabinettssekretär ein Schreiben an Kaiser Franz I. und ersucht um die Erlaubnis zur Übernahme der Landesregierung in eigener Verantwortung. Nach Jahresfrist erkennt der Kaiser an, dass Anna Amalia „fürohin die alleinige Vormundschaft und Landes Administration … führen und verwalten solle.“ Sie steht damit – erst 19 Jahre alt – vor einer durchaus ungewöhnlichen Aufgabe. Zwar gibt es berühmte Geschlechtsgenossinnen an der Macht wie Maria Theresia oder Zarin Katharina II., aber sie stellen doch eher die Ausnahme von der Regel dar.

Regieren und flanieren

Energisch, entschlossen, beinahe euphorisch stellt sich die junge Herzogin der neuen Aufgabe. Sie entwickelt den Ehrgeiz, eine vorbildliche, tüchtige Regentin zu sein: „… auf einmal erwachten bey mir alle Leidenschaften … Tag und Nacht studirte ich, mich selbst zu bilden und mich zu den Geschäften tüchtig zu machen."

Gut informiert will sie sein, will selbst entscheiden, die Landespolitik in die eigenen Hände nehmen. Im Regierungsprogramm vom 8. September 1759 heißt es: „Die Regentin will … sich die Mühe nicht verdrießen lassen, Alles mit eigenen Augen zu sehen, Ohren zu hören, das Geh. Conseil fleißig besuchen, … einem Jeden aufmerksam Gehör geben …" Verpflichtet ist sie zu diesem Arbeitseifer nicht unbedingt – als fürstliche Witwe mit zwei kleinen Söhnen könnte sie die Amtsgeschäfte auch ihren Ministern überlassen. Doch Anna Amalia spürt die Verantwortung, die auf ihr lastet.

Tapfer stellt sie sich ihr.

Drei Ratgebern schenkt sie Vertrauen: den Geheimen Räten Gottfried Nonne, Johann Poppo Greiner und Jakob Friedrich Freiherr von Fritsch. Besonders von Greiner fühlt sich die junge Witwe verstanden und unterstützt: „Er war nicht von den außerord(ent)lichen großen Köpfen", urteilt sie, „er war ein grad denkender mit vieler Vernunft begabter Man … Ein feines Gefühl beseelte ihn; also war er einer wahren Freundschaft fähig."

Auch Freiherr von Fritsch besitzt das volle Vertrauen der Regentin, zumal er geschickt mit deren Launenhaftigkeit umzugehen weiß. Alles, was an Innen- und Außenpolitik geschieht, geht über seinen Schreibtisch. Anna Amalia und Fritsch sind aufeinander angewiesen in ihrem Bestreben, die kleine Residenzstadt zum Zentrum eines lebensfähigen Herzogtums zu entwickeln.

Aber die junge Frau leidet darunter, nur schwer Freundschaften schließen zu können. Fürsten seien von Jugend auf mit Ungeziefer umringt, schreibt sie. „Hierdurch werden sie entweder misstrauisch gegen alle, oder werfen sich unwürdigen Menschen in die Arme. Treffen sie jemand an, den sie ihrer Freundschaft würdig achten, so ist es etwas sehr Seltenes, dass dieser in seinem Gemüth nicht über sich selbst erhebet und die freundschaftliche Neigung des Fürsten nicht missbraucht."

Die Herzogin arbeitet unermüdlich. Sie fordert Berichte, gibt Anweisungen, besucht regelmäßig die Beratungen des Geheimen Consiliums. Sie versucht, die Verwaltungen aus den alten, eingefahrenen Gleisen zu bringen, Missstände zu beseitigen. Sie müht sich, die Folgen des Siebenjährigen Krieges zu überwinden, sie

Herzogin Anna Amalia

kämpft gegen Missernten, Seuchen und Hunger. Sie ordnet das Finanzwesen neu, setzt Einsparungen durch. Auch beginnt sie, dem bisher ländlichen Weimar ein städtisches Gepräge zu geben. 1771 verfügt sie, alle Scheunen in der Stadt abzureißen. Außerdem lässt sie die Straßen beleuchten und aus einem Teil der alten Stadtbefestigung die „Esplanade" als herrschaftliche Promenade anlegen.

Tatkräftig wirkt sie auch auf sozialem Gebiet und im Bildungsbereich. In Jena richtet sie eine Hebammenschule ein, um die hohe Kindersterblichkeit einzudämmen. Auch eine Freischule für Arme entsteht.

Bei allen fortschrittlichen Bestrebungen bleibt Anna Amalia in ihrem öffentlichen Auftreten ganz und gar Regentin. Sie fordert das strenge Einhalten aller höfischen Formen, lässt die Verordnungen ihrer Vorgänger einfach in Kraft. Spaziert sie sonntags auf der Esplanade, müssen sich die Hofkreise auf Befehl einfinden: Vor ihr schreitet der Oberhofmarschall, Pagen tragen die Schleppe der Herzogin, die weitere Dienerschaft folgt, selbst ein Zwerg ist mit dabei. Die Esplanade ist dann auch der rechte Ort, um neueste Mode zu zeigen – Reifrock, Zierschirm und Fächer.

Reitet Anna Amalia aus, folgt ihr stets ein größerer Zug. Sie weiß sehr wohl um ihre Wirkung. Auf dem großen Schimmel nimmt sich ihre zierliche Figur besonders gut aus, zumal sie mit einem deutschen Sattel reitet.

Lustvoll gibt sich die Herzogin den Vergnügungen bei Hofe hin. Sie liebt das Glücksspiel, mag die Maskenbälle. Sie tanzt gern, vergisst in kleinerem Kreis mitunter alle Förmlichkeit.

Ihren Untertanen jedoch ist sie ganz gestrenge Herrscherin. Sie verbietet den Tanz an Sonn- und Feiertagen, glaubt auf diese Weise, dem Sittenverfall vorzubeugen. Bürgern schreibt sie nach Rang und Einkommen vor, wie viele Gäste diese bei Hochzeiten oder Taufen einladen dürfen. Huren lässt sie an den Pranger stellen, „auspauken" und ins Zuchthaus stecken.

Wenig Zeit für Kultur

Über allem Regieren vergisst Anna Amalia nicht ihre Vorliebe für die Kultur. Wenig Zeit bleibt ihr allerdings im Moment dafür.
Als Kind hat sie die Wolfenbütteler Herzog-August-Bibliothek bestaunt. Nun befasst sie sich 1760, noch während des Krieges, mit den Bücherbeständen in der Wilhelmsburg. Sie erwirbt die Sammlung von Johann Christoph Gottsched, in der die deutschen Dramen seit 1450 enthalten sind, fasst schließlich den Entschluss, das Weimarer „Grüne Schloss“ in eine Bibliothek umzugestalten. Der Umzug dauert bis 1766. Dann ist die Bibliothek für alle Interessierten, auch Bürgerliche, zugänglich. Die Herzogin ruft Gelehrte aus Jena an den Hof, lauscht ihren Vorträgen. Sie sieht sich nach guten Literaten und Künstlern um. Die Zeichen der Zeit stehen günstig.
Nach dem Siebenjährigen Krieg beginnt in Europa ein langer Frieden. Bücher, Zeitschriften und Zeitungen erscheinen in wachsender Zahl – Voraussetzung für den Erfolg des 1747 in Weimar geborenen Friedrich Justin Bertuch. Schnell erkennt der junge Literat und Übersetzer, der Anna Amalias Anerkennung gefunden hat, die Erfordernisse der Zeit, wird zum erfolgreichen Zeitungs- und Buchverleger.
Und noch einen klugen Kopf holt die Regentin nach Weimar: Johann Carl August Musäus. Er unterrichtet am Gymnasium und dichtet nebenher. Anna Amalia ernennt ihn zum Pagenerzieher, später wird sie ihn an ihre Tafelrunde ziehen. Auch ihrer Liebe zum Theater bleibt die Regentin treu. Mitunter steht sie sogar selbst auf der Bühne. Wie ihr Vater, verpflichtet auch sie Schauspieltruppen in die Residenz, setzt sich für das deutschsprachige Theater ein. Sie unterscheidet sich darin sehr von ihrem Onkel: Für Friedrich ist das Deutsche eine Sprache für Soldaten und Pferde.

Gewissenhafte Mutter

Anna Amalia ist nicht nur Herzogin. Sie ist auch Mutter. Sehr ernst nimmt sie diese Aufgabe. Noch immer ist das Gefühl in ihr wach, als Kind zurückgesetzt worden zu sein. Nun sucht sie nach einem Weg, ihre Söhne mit Liebe, aber auch der nötigen Strenge zu erziehen. Vorbildliche Fürsten sollen aus ihnen werden.

Dem väterlichen Rat folgend, beruft sie zunächst Braunschweiger Pädagogen des Collegium Carolinum nach Weimar, danach den Grafen Johann Eustach von Schlitz, genannt von Görtz, 1772 schließlich den Professor für Philosophie an der Universität Erfurt, Christoph Martin Wieland. Begeistert hat Anna Amalia die Werke Wielands gelesen, seine Ansichten über Fürstenerziehung zur Kenntnis genommen. Vor allem der Roman „Der Goldene Spiegel" enthüllt die Vorstellungen über Aufgaben und Pflichten eines zukünftigen Monarchen.

Erster Diener seines Staates soll er sein.

Die Regentin bittet Wieland, seine Gedanken zur Erziehung Carl Augusts darzulegen. Dieser antwortet, dass bei der Erziehung von Fürsten alles davon abhänge, „dass sie sich gewöhnen, nie zu vergessen, dass sie Menschen sind, und dass sie folglich überall ihresgleichen erkennen."

Alle Menschen sind gleich.

Dieser Satz ist ungewöhnlich. Dieser Satz ist kühn.

Wieland offenbart sich der Fürstin ganz und gar als Aufklärer. Anna Amalia ist klug und aufgeklärt genug, um Wielands Ideen zu verstehen und zu würdigen. Vertrauensvoll gibt sie den Erbprinzen in Wielands Obhut.

Als Lehrer für ihren zweiten Sohn Constantin stellt sie Carl Ludwig von Knebel an. Später wird er eine der wichtigsten Persönlichkeiten am Wei-

marer Musenhof. Literarisch interessiert, dichtet er selbst und ist mit Goethe befreundet. Als der Erbprinz 1774 Frankfurt besucht, sorgt Knebel dafür, dass sich Carl August und Goethe kennenlernen.
Mit der Berufung Wielands und Knebels sichert Anna Amalia die Erziehung ihrer Söhne. Doch weit mehr noch: Sie legt zugleich den Grundstein für neue, weitreichende Entwicklungen. Goethe nennt später die Berufung der beiden Erzieher nach Weimar den Anlass, „der alles dasjenige begründet, was später für dieses besondere Land, ja für das ganze deutsche Vaterland, so lebhaft und bedeutend wirkte."
Das klassische Weimar nimmt seinen Anfang.
Doch zunächst herrscht große Aufregung in der Residenz: Im Mai 1774 brennt das Schloss. Anna Amalias Wohnung ist vernichtet und auch der geliebte Theatersaal. Zunächst weicht sie ins Sommerschloss Belvedere aus. Aber für den Winter braucht sie ein neues Quartier. Von Minister Fritsch erwirbt sie ein Palais, macht es als Wittumspalais zu ihrer Wohnstatt und zum Mittelpunkt vieler geselliger Treffen.
Das Gebäude ist wie geschaffen für gepflegte Gastlichkeit. Es gibt eine große Küche, in der Speisen und Getränke für die Besucher bereitet werden können. Es gibt einen Festsaal für die größeren Feierlichkeiten. Und es gibt einen Raum mit großer Tafel, in dem sich ein intimer Kreis versammeln, gepflegt unterhalten und speisen kann. In diesem Raum werden sich in den kommenden Jahren geistreiche Persönlichkeiten zusammenfinden, hier wird der erste literarische Salon in Deutschland entstehen: die Tafelrunde.
Noch 1774 zieht Anna Amalia ins Wittumspalais um. Ein neuer Lebensabschnitt beginnt – die Musenhof-Legende.

Einfahrt zum Wittumspalais

Gewöhnlich montags wird gelesen

Das Weihnachtsfest und den Jahreswechsel 1774/75 verbringt Anna Amalia schon im Wittumspalais, ihrer neuen Wohnstatt. Nur noch wenige Monate verbleiben bis zum Regierungswechsel. Wie wird sie ihr Leben als „Herzogin-Mutter" dann einrichten? Was kann sie künftig vom Leben erwarten, wenn sie für ihre Umgebung nur noch die „Alte" ist – mit gerade 36 Jahren? Und auf wen könnte sie sich als anregende Gesprächspartner verlassen?

Die Dichter Wieland und Musäus, der Übersetzer Bertuch, der Maler Kraus stehen zur Verfügung. Weitere würden sich finden. Geistreich sollen sie sein, aber vor allem auch jung – denn so fühlt sich Anna Amalia selbst.

Noch einmal verbringt sie den Sommer im Lustschloss Belvedere, noch einmal genießt sie die von ihr mitgestalteten Gartenanlagen. Am 3. September 1775 tritt sie die Regentschaft dem nunmehr mündigen Carl August ab. Sie übergibt ihm ein gut verwaltetes und fast schuldenfreies Herzogtum.

Vier Wochen später bekommt sie eine Schwiegertochter. Carl August vermählt sich mit Prinzessin Louise Auguste von Hessen-Darmstadt. Gebildet und musisch begabt, steht Louise ihrer Schwiegermutter nicht nach. Doch ihre Lebenslust leidet in Weimar – sie fühlt sich unglücklich in ihrer Ehe. Auch Anna Amalia kann kein vertrautes Verhältnis zu Louise finden. Zu unterschiedlich in ihrer Wesensart sind beide Frauen, zu konkurrierend in ihren Positionen.

Rückzug und neuer Anfang

Anna Amalia ist nun „Herzogin-Mutter“.
Sie beginnt, sich ein neues Leben aufzubauen, ihre vielseitigen Interessen zu pflegen. Vor allem im kulturellen Mittelpunkt will sie bleiben. Umsichtig schart sie einen entsprechenden Kreis von Persönlichkeiten um sich.
Schon im Juni haben ihr die Söhne nach Rückkehr von der Kavalierstour von ihrer Begegnung mit Goethe berichtet. Ein überaus anregender Mensch sei er. Besonders Carl August ist begeistert von dem jungen Dichter und lädt ihn nach Weimar ein.
Am 7. November 1775 trifft Johann Wolfgang Goethe in der Residenz ein – und bleibt in dieser Stadt. Wieland ist begeistert von dem jungen Mann. Nur drei Tage nach dessen Ankunft schreibt er überschwänglich: „Seit dem heutigen Morgen ist meine Seele so voll von Goethe, wie ein Tautropfen von der Morgensonne.“
Auch Anna Amalia gefällt der junge bürgerliche Dichter. Liebenswürdig findet sie ihn, auch witzig. Seinem jugendlichen Temperament begegnet sie wohlwollend und verständnisvoll.
Seit Carl August regiert, veranstaltet die Herzogin-Mutter regelmäßig kleine Festlichkeiten, Plauderstunden, Spielereien. So fängt es an, aus Scherz wird nach und nach Ernst.
Ein Kreis findet sich zusammen: lesend, rezitierend, musizierend, kunstbetrachtend oder über die Fragen der Welt und des menschlichen Daseins diskutierend.
Stets montags lädt Anna Amalia zu Leseabenden ins Wittumspalais. Ein loser geselliger Kreis von Freunden der Literatur findet sich unter ihrem

Carl August bei Antritt seiner Regierung im Jahr 1775

Goethe
Gemalt von G. D. May im Juli 1779

Vorsitz am großen Tisch im Speisezimmer des Palais zusammen – den Tafelrunden. Mitglieder der Hofgesellschaft vereinen sich mit Künstlern und Gelehrten, die strengen Standesunterschiede verwischen – hier im Tafelrunden-

zimmer dürfen sich Adlige und Bürgerliche gleichberechtigt fühlen. Die Herkunft tritt in den Hintergrund, das Talent hingegen ist alles.
Liebenswürdig und aufgeschlossen, versteht es Anna Amalia, die verschiedensten Persönlichkeiten um sich zu scharen. Sie ist die Seele des Kreises. Dennoch bleibt sie stets im Hintergrund. Wieland, Goethe sowie der Theologe und Schriftsteller Johann Gottfried Herder, der auf Anna Amalias und Goethes Initiative 1776 zum Generalsuperintendenten des Herzogtums nach Weimar berufen worden ist, prägen den Charakter der Tafelrunde. Zum geselligen Kreis gehören auch Friedrich Justin Bertuch, Johann Carl August Musäus und Carl Ludwig von Knebel. Luise von Göchhausen, die Hofdame Anna Amalias, belebt die Runde durch Witz, Schlagfertigkeit und Humor. Goethes langjährige Freundin, die Hofdame der Herzogin Louise, Charlotte Freifrau von Stein, nimmt ebenfalls an der Tafelrunde teil. Zum engsten Umkreis Anna Amalias gehört auch Siegmund von Seckendorff, der Kammerherr der Herzogin. Intelligent und musisch begabt – er spielt mehrere Instrumente und komponiert –, bereichert er die Zusammenkünfte.
Besonders aber Goethe belebt die geselligen Abende mit Witz und Humor. Als der Dichter Johann Ludwig Gleim, der Goethe persönlich nicht kennt, Anna Amalias Gesellschaft besucht und aus dem „Göttinger Musenalmanach" vorliest, betritt plötzlich ein junger Mann im kurzen grünen Jagdrock den Raum. Er bietet Gleim an, ihn beim Vorlesen abzulösen. Kaum hat er damit begonnen, schon geht der Übermut mit ihm durch. Er liest Gedichte, die gar nicht im Almanach stehen, er schüttelt sie nur so heraus. Mit seinem Humor fantasiert er flüchtige, aber prächtige Gedanken zusammen.
Fröhlichkeit verbreitet sich in der Runde, Gleim aber ruft Wieland zu: Das ist entweder Goethe oder der Teufel!
Beides, gibt ihm dieser zur Antwort.

Noch mehr kluge Köpfe

Auch den Aufführungen des Liebhabertheaters, das nun durch Goethe bereichert wird, schenkt Anna Amalia viel Aufmerksamkeit. Wieland und Goethe überzeugen sie, dass eine professionelle Kraft im Laientheater gebraucht wird – und schon bald engagiert sie die Sängerin Corona Schröter. Mit ihr kommt nicht nur eine schöne, sondern ebenso eine gebildete Frau nach Weimar. Corona Schröter spricht mehrere Sprachen, spielt mehrere Instrumente, komponiert, zeichnet, interessiert sich für Kunst und Literatur und kann außerdem noch tanzen, reiten und Schlittschuh laufen. Als Goethes Iphigenie wird sie drei Jahre später in die deutsche Theatergeschichte eingehen.

Immer neue Ideen beschäftigen die stets aktive Anna Amalia. Sie plant eine Reise an den Rhein. Im Juni 1778 macht sie sich auf den Weg. Vor allem die Düsseldorfer kurfürstliche Gemäldegalerie will sie besuchen.

Doch zuvor reist sie nach Frankfurt zu Goethes Mutter. Einige Male ist sie bei Katharina Elisabeth Goethe zu Gast. Beide Frauen sind sich sympathisch. Auf der Rückreise, verspricht Anna Amalia, wird sie noch einmal zu Besuch kommen.

Dann reist sie weiter, mit dem Segelschiff auf dem Main bis nach Mainz, weiter nach Koblenz. Hier geht sie an Land, will die berühmteste Schriftstellerin der Zeit, Sophie von La Roche, besuchen. Deren Roman „Die Geschichte des Fräuleins von Sternheim“ hat sie begeistert gelesen, nun lernt sie die Jugendfreundin Wielands selbst kennen.

Weiter geht es nach Bonn, Köln und schließlich nach Düsseldorf in die Galerie. Wie versprochen, reist Anna Amalia über Frankfurt zurück, trifft hier erneut mit Goethes Mutter zusammen. Anfang August ist sie wieder in Wei-

Das alte Theater in Weimar 1779–1825

Das Gesellschaftszimmer im Wittumspalais

mar – erfüllt von den vielen Eindrücken und dem Kennenlernen neuer Freunde.

Weitere kommen hinzu. Anfang 1779 siedelt der Übersetzer und Verleger englischer und französischer Literatur Johann Joachim Christoph Bode nach Weimar über und nimmt auch an der Tafelrunde Platz. Er ist ein Freund von Lessing und Klopstock, mit Anna Amalia verbinden ihn vor allem seine musikalischen Fähigkeiten. Bode spielt Cello, komponiert auch.

In den Wintermonaten lädt Anna Amalia häufig zu Geselligkeiten – zum Konzert, meist donnerstags, zum Diner oder zum montäglichen Leseabend, der schon zur festen Institution geworden ist.
Meist bittet sie die Gäste vorher zu Speis und Trank. Sie hat viel übrig für eine feine Tischkultur. Sorgfältig ausgewählte und gekonnt zubereitete Speisen und Getränke sollen das Gespräch anregen, die Stimmung heben, eine behagliche Atmosphäre schaffen, den geselligen Abend abrunden.
Lange hat sie nach einem Koch Ausschau gehalten, der diesen Anforderungen gerecht wird. Seit einem Jahr nun steht der junge François le Goullon als Mundkoch in ihren Diensten und trägt mit seinen feinen kulinarischen Kreationen zum Gelingen der geselligen Abende im Wittumspalais bei.
Munter und vergnügt geht es an der Tafelrunde zu.
Geht Goethe zu Anna Amalias Geselligkeiten, vermerkt er dies in seinem Tagebuch mit einem Halbmond. Frei und ungezwungen bewegt er sich in den Räumen des Wittumspalais, fast als fühle er sich hier zu Hause. Im Februar sind die Halbmonde in Goethes Tagebuch besonders häufig.
Als der Sommer naht, widmet sich Anna Amalia einem weiteren Interessengebiet: dem Zeichnen.
Neben dem Maler Oeser kommt auch der Bildhauer Klauer nach Ettersburg, um eine Porträtbüste der Herzogin zu schaffen.
Doch Anna Amalia zeichnet auch selbst. Mit Papier und Malutensilien zieht sie in die Landschaft, fertigt Zeichnungen mit Bleistift und Pinsel. „Meine Liebe für die Zeichenkunst ist noch immer gleich stark“, schreibt sie. „Ich habe eine Camera Obskura, worin ich zeichne, und sie scheint mir von großem Nutzen, um mit den Verhältnissen in Natur recht bekannt zu werden.“ Eine große Hilfe sei dies für sie, da sie etwas zu spät angefangen habe, sich dem Zeichnen zu widmen.

Sommers ist Tischgesellschaft in Tiefurt

Im Sommer 1781 siedelt Anna Amalia nach Tiefurt über und ergreift ganz und gar von der ländlichen Idylle Besitz. Nun konstituiert sie ihre „Tiefurter Tischgesellschaft“, wie sie hier ihre gesellige Runde nennt.
Ein Höhepunkt dieser Gesellschaft wird die erste Ausgabe des „Journals von Tiefurt“. Es erscheint am 15. August. Amalia ist Herausgeberin, die Göchhausen Redaktionssekretärin, Anna Amalias Kammerherr Friedrich Hildebrand Freiherr von Einsiedel Redakteur. Zwei Schreiber und vier Weimarer Gymnasiasten sind mit Kopieren beschäftigt.
Die Autoren bleiben anonym. Man kennt sie dennoch: Goethe, Herder, Wieland, Carl August, Knebel, Einsiedel und andere. Übersetzungen erscheinen, Gedichte, Lieder, Nachrichten. Auch die Damen liefern Beiträge: Anna Amalia, die Göchhausen, Caroline Herder.
Siebenundvierzig Nummern erlebt die handgeschriebene, in elf Exemplaren verbreitete Zeitung. Nach drei Jahren hat sich die Unternehmung erschöpft. Das Journal wird eingestellt. Wertvoll bleibt es dennoch: Anna Amalia hat gezeigt, dass die deutsche Sprache auch für die Hofgesellschaft schreibenswert ist. Was würde wohl ihr Onkel Friedrich dazu sagen? Das Deutsche hat keine Chance, die Sprache der Gebildeten und der Höfe zu werden – so lautet seine Meinung.
Anna Amalia fühlt sich wohl in Tiefurt. Eifrig widmet sie sich der Gestaltung der Parkanlage. Sie entwickelt sie weiter, vermeidet jedoch jeden gewaltsamen Eingriff in die Natur. Wie zufällig kommen die Spaziergänger an den vielen Denkmälern, Monumenten und Büsten vorüber, die sie errichten lässt – Wieland, Goethe und Herder, ihrem Lieblingskomponisten Mozart.

Schlösschen Tiefurt

Medaillon der Herzogin von Weimar von einem Genius mit Rosen bekränzt, gehalten von der Bildhauerei

Weitere Denkmäler werden später hinzukommen: für den 1785 verunglückten Bruder, für den 1795 verstorbenen Sohn Constantin.
Einer weiteren Leidenschaft gibt sich die Fürstin in Tiefurt hin: Sie sammelt wertvolles Porzellan.
Im Speisezimmer lässt sie extra eine Spülgelegenheit einbauen, damit die Teller und Tassen nicht in die Küche geschafft werden müssen und dabei Schaden nehmen. Denn die Herzogin sammelt das Porzellan nicht nur. Sie benutzt es auch bei der Tafel.

Sehnsucht nach Italien

Einmal nur Italien sehen.
Schon seit Jahren sehnt sich Anna Amalia nach diesem Land. Sie hofft, von dort neue Anregungen mitbringen zu können. Noch vor ihrem 50. Geburtstag will sie die Reise antreten.
Doch zunächst verschwindet Goethe.
Im Juli 1786 reist der Dichter nach Karlsbad, bleibt bis Anfang September. Dann ist er – verschollen.
Keiner weiß, wohin er sich gewandt hat. Erst Anfang Dezember kommt Nachricht von ihm aus Rom. Voller Spannung erwartet Anna Amalia seine Reiseberichte, die er nun nach Weimar schickt.
Während Goethe abwesend ist, zieht es einen anderen Dichter nach Weimar. Im Juli 1787 kommt Friedrich Schiller in der Residenzstadt an. Anna Amalia lädt ihn nach Tiefurt ein. Aber der junge Mann ist nicht sonderlich begeistert vom höfisch-geselligen Leben. Schon Ende November verlässt er die Stadt wieder.
Da reißt der Tod von Carl August Musäus eine empfindliche Lücke in den geselligen Zirkel der Herzogin. Der Märchendichter war ihr erster „Musensohn". Deutlicher als bisher spürt sie das eigene Alter.
Sie muss sich beeilen, wenn sie Italien noch sehen will. Den Winter über sinnt sie nach, wie sie diese für ihren Stand und ihr Geschlecht unübliche Kunstreise organisieren kann. Bis zum Sommer noch dauern die Vorbereitungen.
Dann endlich, am 15. August 1788, setzt sich die Reisekutsche in Bewegung. Anna Amalia reist als Gräfin Altstadt. Doch hin und wieder lüftet sie auch das Inkognito.

Herzogin Anna Amalia. Nach dem Gemälde von Angelika Kauffmann

Im September ist sie in Mailand. Über Parma und Modena reist sie weiter nach Bologna, Florenz und Pisa. Am 4. Oktober erreicht sie Rom.

Anna Amalia ist begeistert von der Stadt. Sie trifft Künstler hier, freundet sich mit der Malerin Angelika Kauffmann an. Voller Lebenslust ist sie, verbringt den Sommer des Revolutionsjahres 1789 in Neapel.

Ganz und gar mit den neuen Eindrücken beschäftigt, erkennt sie die Folgen der Umwälzung zunächst nicht. Während die Französische Revolution Europa in seinen Grundfesten erschüttert, stehen für Anna Amalia wie gewohnt Theater und Musik im Vordergrund. Am 18. Juni 1790 ist sie wieder in Weimar.

Herzogin Anna Amalia mit ihrer Begleitung im Park der Villa d'Este in Tivoli

Italien aber bleibt in ihr. Wie viel ihr die Reise bedeutet, schreibt sie an den Bruder Friedrich August von Braunschweig-Oels: „Ich kann wohl sagen, dass ich seit dem sechzehnten Lebensjahre bis zu meiner Reise nach Italien nur für andere gelebt habe. In Italien gehörte ich mir selbst."

Verändertes Weimar

Anna Amalia findet vieles verändert in der Heimat. Carl August ist im Feldlager, kommende Schlachten werfen ihre Schatten voraus. Goethe hat die lebensfrohe Christiane Vulpius in sein Haus aufgenommen, im Dezember 1789 hat sie den Sohn August zur Welt gebracht. An Anna Amalias Tafel wird sie nicht geladen – weder ihre Herkunft noch ihre Talente lassen dies zu.

Im Herbst bezieht die Herzogin wieder das Wittumspalais. Wie gewohnt lädt sie zur Tafelrunde. Doch auch hier hat sich einiges verändert.

Friedrich Justin Bertuch gründet 1791 sein „Landes-Industrie-Comptoir", das sich zu einem bedeutenden Verlagsunternehmen entwickelt. Zum „Teutschen Merkur" kommt die „Allgemeine Literaturzeitung" hinzu, ebenso Schillers „Musenalmanach" und seine Zeitschrift „Die Horen".

Anna Amalias Tafelrunde spielt nun nicht mehr die einst entscheidende Rolle im kulturellen Leben. Zumal sich im Wittumspalais eine zweite Gesprächsrunde etabliert: Goethes „Freitagsgesellschaft".

Am 9. September 1791 findet die erste Sitzung statt. In der gelehrten Zusammenkunft berichten die Mitglieder von ihren Tätigkeiten – über Chemie, Medizin, Rechtswissenschaft, Religion, Literatur und anderes mehr. Die Fürstenfamilie nimmt an den Sitzungen teil. Fünf Jahre versammelt sich die „Freitagsgesellschaft" im Wittumspalais und versucht, auf die Fragen der Zeit, ausgelöst von der großen Revolution in Frankreich, eine Antwort zu finden.

Die montägliche Tafelrunde wird unterdessen durch weitere Personen bereichert. Im Winter kommen der weitgereiste Engländer Charles Gore und seine Töchter Emilie und Elise nach Weimar und beleben die Unterhaltung.

Garten am Wittumspalais mit chinesischem Pavillon

Der Maler Georg Melchior Kraus, selbst Mitglied der Tafelrunde, hält die Atmosphäre im Bild fest:
Anna Amalia sitzt in der Mitte der Tischrunde, mit einer Malerei beschäftigt. Neben ihr der Kunstgelehrte und Maler Johann Heinrich Meyer, an dessen Stuhl Mappen mit Kunstblättern und gerollte Zeichnungen lehnen. Neben Meyer liest Goethe dem Kreis vor, Einsiedel beugt sich zuhörend über den Tisch. In der Runde sind auch die Frau des Freiherrn von Fritsch, Elise, Charles und Emilie Gore, das Fräulein von Göchhausen, an einer Sti-

ckerei arbeitend. Und natürlich Herder, ein Kunstblatt betrachtend. „Bei der Herzoginmutter wird gewöhnlich montags gelesen“, schreibt er über die Tafelrunde. „Einige Shakespearische Stücke, Lessings Nathan und Emilie, Goethes Iphigenie, Tasso, Die Vögel, Wielands Pervonte, Liebe um Liebe, Das Vögelchen, der Zaun u. a. sind so vorgetragen worden, sehr anmutig, und ich muß bekennen, daß Wielands Poesien mir noch nie in einem so reizenden Lichte erschienen sind.“

Goethe schreibt, auf das Kraus'sche Bild eingehend: „Indes einige Karte spielten, andere Musik machten, beschäftigten sich neben Ihro Durchlaucht der Engländer Herr Gore, seine älteste Tochter und ich mit mancherlei Entwürfen und Skizzen. Rat Kraus beobachtete mit malerischem Blick unterweilen die Gesellschaft und fasste gelegentlich manch artiges Bild auf, von welchen Darstellungen noch einige übriggeblieben sind.“

Neben den geistigen Genüssen bietet die Tafelrunde auch kulinarische. Zwanglos zwischen Büchern, Zeichnungen, Handarbeiten finden sich auf dem großen Tisch auch Kaffee, Tee und Süßigkeiten.

Die Zeiten werden indes auch im beschaulichen Weimar unruhiger. Am 20. April 1792 erklärt das revolutionäre Frankreich den Krieg an Österreich, an dessen Seite sich das verbündete Preußen sofort stellt – der fast dreißig Jahre währende Frieden ist zu Ende. Am 21. Januar 1793 wird Ludwig XVI. hingerichtet. In den Krieg treten nun auch England, Holland und Spanien ein.

Am 6. September stirbt Anna Amalias Sohn Constantin im Feldlager an Thyphus.

Die Herzogin trauert.

Wie stets in Zeiten der Bedrängnis, sucht Anna Amalia Trost in der Musik.

Abendgesellschaft (Tafelrunde) bei Herzogin Anna Amalia. Aquarell von Georg Melchior Kraus, um 1795
Johann Heinrich Meyer, Freifrau von Henriette Fritsch, Johann Wolfgang von Goethe, Friedrich von Einsiedel, Elisa Gore, Charles Gore, Emily Gore, Luise von Goechhausen, Johann Gottfried Herder

Jean Paul macht große Sensation

Recht ruhig verläuft das Jahr 1795 in Weimar. Die große Politik wird zwar heftig diskutiert, bleibt aber doch eher am Rande. Denn Weimar ist nach wie vor ein Musenhof.

Das gilt auch in bewegten Zeiten, ungeachtet der heranziehenden Stürme. Noch herrscht Ruhe – die Ruhe vor dem Sturm.

Anna Amalia verbringt viel Zeit mit ihrer neunjährigen Enkelin Caroline. Sie ist ihr besonders zugetan. Um das Mädchen zu unterhalten, schreibt sie Parabeln und Märchen.

Doch die großen Ereignisse in Europa drängen unerbittlich ins beschauliche Weimar. In Russland stirbt mit Katharina II. eine große Monarchin und Kulturpolitikerin, in Italien zwingt im Mai 1796 der junge französische General Napoleon Bonaparte die Österreicher zum Waffenstillstand. Noch ahnt in Weimar keiner, welche entscheidende Rolle Napoleon in der kommenden Zeit auf der politischen Bühne spielen wird. Und wie viel Leid er dem kleinen Herzogtum sowie Anna Amalia bringen wird.

Vorerst gibt sich die Herzogin wie gewohnt den Musen hin. Zumal ein erst kürzlich berühmt gewordener Dichter in Weimar eintrifft: Jean Paul Friedrich Richter. Mit seinem Roman „Hesperus oder 45 Hundsposttage" hat er vor allem die Gunst der lesenden Damen erobert.

Anna Amalia lernt den Dichter kennen, schreibt über ihn an Wieland: „Er hat hier bei allen unseren Genies jeder Art große Sensation gemacht, und man hat ihm, was viel ist, alle Gerechtigkeit widerfahren lassen."

Jean Paul genießt die Sensation, die er macht. Zunächst zumindest – denn schon schnell ist er wieder ernüchtert. Ihn enttäuscht die Zerstrittenheit von Wieland, Herder und Goethe. Nach drei Wochen reist er ab.

Christoph Martin Wieland

Immer näher rückt der Krieg.
Die Deutschen der linksrheinischen Gebiete fliehen vor den französischen Revolutionstruppen. Doch noch immer fühlt man sich in Weimar sicher und geborgen.

Aber Anna Amalias Kreis verändert sich.
Im Frühjahr 1797 zieht Wieland auf sein „Osmantinum" – ein Landgut in Oßmannstedt, zehn Kilometer von Weimar entfernt. Der Dichter will sich hier seinen Traum vom Landleben erfüllen. Begeistert schreibt er an seinen Verleger Göschen in Leipzig: „Sie können sich die Freude und den Jubel meiner Familie, besonders meiner Frau und Töchter über alle diese Herrlichkeiten, und über diese Versetzung aus dem einförmigen und etwas langweiligen häuslichen Leben in der Stadt in das thätige Leben einer wohleingerichteten Landwirtschaft nicht genug vorstellen."
Anna Amalia aber ist bedrückt.
Sie vermisst den Freund. In Tiefurt richtet sie ihm eigens einige Räume ein, damit er übernachten kann, wenn er nach Weimar kommt.
Auch Jean Paul kommt wieder. Im Oktober 1798 trifft er in der Residenzstadt ein, nimmt an Anna Amalias Tafelrunde teil.
Die Herzogin ist ihm nach wie vor zugetan – trotz seiner etwas wunderlichen Art. Gerade erst hat er eine Liaison beendet, um sich bald darauf in eine Verlobung zu verstricken – und sie wieder zu lösen.
Doch Anna Amalia weiß den Dichter zu nehmen, genießt seinen Charme. Sie hat Übung darin, die Muse von Dichtern zu sein. Nie verwechselt sie dichterische Fantasie und Wirklichkeit.
Häufig liest Jean Paul der Herzogin vor. Bei seiner endgültigen Abreise im Mai 1800 bedankt sich Anna Amalia schriftlich bei ihm: „... Sie lieber Herr Richter, binden einen schönen Kranz aus den wenigen Blumen, die ich Ihnen darreichte, die keinen anderen Wert hatten, als daß sie Abdrücke meines Gefühls waren: Tugend und Talent in Ihnen zu verehren und die Hochachtung an den Tag zu legen, mit welcher ich stets sein werde Ihre aufrichtige Freundin Amalie."

Die Musen schlafen ziemlich

Im Jahr 1799 feiert Anna Amalia ihren sechzigsten Geburtstag. Es ist Zeit für Reflexionen.
Sie schreibt „Gedanken über die Musik" nieder. Die Wirkung von Musik ist ein Thema, das in den Tafelrunden immer wieder aufgegriffen wird. Herder und Wieland haben sie zu den Aufzeichnungen angeregt.
Ein zweites Thema beschäftigt die nun reife Frau: das Verhältnis der Geschlechter. Anna Amalia mischt sich in die Geschlechterdebatten der Zeit, bringt ihre eigenen Lebenserfahrungen ein. Schon als junge Herzogin hat sie sich gegen Bevormundung gewehrt, jetzt fließen diese Gedanken in ihren Essay „Gedanken über das Verhältnis der Geschlechter" ein.

Madame de Staël im Gespräch
mit dem Ersten Konsul Napoleon Bonaparte

Wieland, mit seinem „Osmantinum“ zunehmend in wirtschaftlichen Misserfolg und Schulden geraten, ist nun wieder häufiger in Weimar. 1803 trennt er sich ganz von dem Anwesen.
Anna Amalia freut sich. Nun kann sie den Dichter wieder ständig um sich haben. Sie bemüht sich, ihm die Stadt so angenehm zu machen, dass er das Landleben darüber vergisst.
Doch längst interessiert Anna Amalia eine weitere Schriftsteller-Persönlichkeit: Germaine de Staël.
Neugierig ist sie auf die Feindin Napoleons, die seit 1802 aus Paris verbannt ist und in ihrem Schweizer Exil Coppet einen der begehrtesten Salons in Europa unterhält. Unbedingt kennenlernen will sie die brillante Salonière, Tochter des französischen Finanzministers unter Ludwig XVI., die zwei Romane geschrieben hat, in denen es um die Selbstverwirklichung der Frau geht. Außerdem leitet die Französin mehrere Zeitungen, unterhält einen regen Briefwechsel und zählt berühmte Männer zu ihren Liebhabern.
Auch Germaine de Staël ist neugierig auf Deutschland. Vor allem die deutschen Dichter will sie näher kennenlernen. Am 13. Dezember trifft sie in Weimar ein. Sie wird wie eine Fürstin empfangen.
Mit ihrem temperamentvollen Auftreten aber scheidet sie die großen Weimarer Geister.
Goethe trifft die Schriftstellerin bei Anna Amalia. „Es war eine interessante Stunde“, urteilt er. „Ich bin nicht zu Wort gekommen; sie spricht gut, aber viel, sehr viel.“
Wieland hingegen fühlt sich verzaubert von der Französin, nennt sie die „liebenswürdigste aller Hexen“, eine „Kraft- und Geistesfrau“.
Auch Anna Amalia gefällt die Staël. Sie „hat eine allgemeine Approbation gefunden: ihr angenehmes Wesen, verbunden mit großem Verstand und angenehmem Witz. Sie ist viel bei mir.“

Herzogin Anna Amalia

Herder lernt die Schriftstellerin aus Frankreich nicht mehr kennen. Er stirbt am 18. Dezember 1803.
Anna Amalia empfindet den Verlust tief.
Das Jahr 1804 bringt Weimar ein großes Ereignis: Anna Amalias Enkel Carl Friedrich heiratet Maria Paulowna, geborene Großfürstin von Russland. Mit Pracht und Prunk zieht die Zarentochter in der Residenzstadt ein – kein

Vergleich zum einstigen Einzug Anna Amalias in der Stadt. Beide Frauen verstehen einander gut. Wie Anna Amalia ist Maria Paulowna musisch interessiert.
Auch außenpolitisch hat das Jahr einen Höhepunkt: Napoleon wird zum Kaiser der Franzosen gekrönt. Die Auswirkungen wird das kleine Herzogtum noch zu spüren bekommen.
Von nun an reißen die schlechten Nachrichten kaum noch ab. Im Mai 1805 stirbt Schiller, im Oktober Anna Amalias Lieblingsbruder Herzog Friedrich August von Braunschweig-Oels, der seinen Lebensabend bei der Schwester verbringen wollte. Im Dezember siegt Napoleon bei Austerlitz.
Anna Amalia ist voller böser Ahnungen.
Im September 1806 sammelt sich die preußische Armee in Thüringen. Carl August muss als Bundesgenosse mit ins Feld. Maria Paulowna, Schwester des russischen Zaren, verlässt Weimar, auch Erbprinz Carl Friedrich reist ab. Anna Amalia aber zögert.
Erst am 13. Oktober lässt sie zur Reise nach Braunschweig packen und bricht auf. Mit ihr fahren die Enkelin Caroline, die Göchhausen und der alte Einsiedel.
Bis nach Erfurt gelangen sie. Dort aber müssen sie nach Göttingen und Kassel ausweichen – und schließlich nach Weimar zurückfahren. Nirgends ist noch ein Durchkommen.
Am 30. Oktober ist Anna Amalia wieder in der Residenz.
Hier erfährt sie vom mutigen Auftreten der Herzogin Louise gegenüber Napoleon, und sie hört von Goethes plötzlicher Trauung mit Christiane Vulpius. Schwer trifft sie die Nachricht von der Verwundung ihres älteren Bruders Carl Wilhelm Ferdinand, der den Oberbefehl über die preußischen Regimenter übernommen hatte. Im November stirbt er.

Doch nicht allein den Bruder verliert Anna Amalia, sie verliert auch das Land ihrer Kindheit. Der Kaiser der Franzosen macht es zu einem Teil des neuen Königreiches Westfalen.
Napoleons Einzug in Weimar lässt Anna Amalia tief spüren, dass sie von den Ereignissen überrollt wird.
Jahrzehntelang hat sie als Salonière die aristokratische Kultur des Rokoko, des Sturm und Dang und der beginnenden Klassik repräsentiert. Diese künstlerische Idylle ist schwer erschüttert.
„Unsere Musen hier schlafen ziemlich und wollen nicht freundlich werden“, schreibt Anna Amalia im Februar 1807 an Knebel. Während sich ihr Leben neigt, etabliert sich in Weimar ein neuer Salon: der „literarische Teetisch“ der Johanna Schopenhauer, eine bürgerliche Form kultureller Geselligkeit, von höfischer Etikette abgesetzt.
Im Frühjahr 1807 zieht sich Anna Amalia eine Erkältung zu, erholt sich davon nicht mehr. Am 10. April stirbt sie.
Mit Anna Amalias Tod geht für Weimar eine Epoche zu Ende.

Dichtung und Prinzessen-Törtchen

Auf einer Reise im Jahr 1777 lernte Anna Amalia den jungen französischen Koch François le Goullon kennen. Sie hatte von seinen Speisen und Getränken probiert, war begeistert. Sogleich engagierte sie ihn für ihren Hof – ihren Musenhof.

Welche Ehre für den jungen Mann, welche Chance!

Gerade zwanzig Jahre alt war le Goullon, als Anna Amalia ihn für die Tätigkeit in Weimar gewann. Geboren in Metz im Elsass, hatte er die französische Küche im Elternhaus kennengelernt. In Kassel, wo der Vater die Posthalterei verwaltete, wurde der junge Franzose zum Koch ausgebildet und studierte dabei zugleich die deutschen Essgewohnheiten.

Le Goullon kam nach Weimar, wurde Küchenmeister und Mundkoch Anna Amalias. Er wirkte im Schloss, im Wittumspalais, im Sommer ging er mit nach Tiefurt.

Stets war er dort, wo die Herzogin ihr geselliges Leben entfaltete.

Er trug auf seine Weise zum Gelingen bei. Auf Anregung Anna Amalias ergänzte der Koch die geistigen Genüsse der Tafelrunde durch kulinarische. Und hatte dabei viel mehr als die Sättigung der Gäste im Sinn.

Mit seinen Köstlichkeiten wollte le Goullon die Stimmung heben, das Gespräch beleben, die geistige Inspiration fördern.

Er war ein Mann des guten Tons.

Wie Anna Amalia, seine Lehrmeisterin, besaß er eine Vorliebe für die Tischkultur.

Auch der Herzog Carl August schätzte das Wirken des begabten Kochs. Um 1800 genehmigte er ihm den Kauf eines Grundstücks an der Ackerwand in Weimar und unterstützte ihn beim Bau eines eigenen Hauses, ganz

Goethes Haus am Frauenplan in Weimar

in der Nähe von Goethes Wohnsitz gelegen. Hier beherbergte le Goullon in seinen Räumen bekannte Besucher Weimars: Madame de Staël, Johanna Schopenhauer, Mendelssohn-Bartholdy.

Le Goullon schien für Anna Amalia unentbehrlich. Stets war er in ihrer Umgebung zu finden. Selbst auf die Italienreise nahm sie ihn mit. Stets wirkte er bescheiden, aber emsig im Hintergrund. „Die Hauptsorge eines gescheuten Kochs muss immer dahin gehen, überall auszuforschen, wo das Beste in jeder Art von Victualien und allem, was für den Gaumen taugt, zu haben ist ...", lautete seine Devise.

Mit Anna Amalias Tod enden le Goullons Dienste am Hof.

Er schafft sich nun eine selbständige Existenz. 1809 richtet er das „Hotel de Saxe" ein. Es wird eines der ersten Häuser in Weimar, berühmt durch seine Speisen. Goethe lässt sich von dort Delikatessen in sein Haus am Frauenplan liefern – Pasteten von Gänseleber mit Trüffeln und Gelee beispielsweise.

Aber le Goullon kocht nicht nur. Er pflegt auch selbst Geselligkeit.

„Musik im Goullonschen Hause" und „Musikalische Unterhaltung bei Goullon" vermerkt Goethe am 11. und 18. Dezember 1810 in seinem Tagebuch. Jahre zuvor schon hat er le Goullon der Jenaischen „Allgemeinen Literatur-Zeitung" als Rezensenten für Kochbücher empfohlen: „Der Mundkoch Durchlaucht der Herzogin Mutter, Goullon, ist ein sehr gebildeter Mann und schreibt recht gut französisch ..."

Le Goullon hat den literarischen Geist der Stadt bei Anna Amalias Tafelrunden kennengelernt, ist davon angeregt.

Er beschließt, selbst als Autor tätig zu werden.

Am eleganten Teetisch

Noch 1809 erscheint beim Verleger Wilhelm Hoffmann in Weimar le Goullons erstes Kochbuch „Der elegante Theetisch oder die Kunst, einen glänzenden Zirkel auf eine geschmackvolle und anständige Art ohne großen Aufwand zu bewirten".
Der Autor und Koch schreibt auf, was er bei Anna Amalias Tafelrunden mit Erfolg praktiziert hat – als Verfeinerer der Tafelfreuden, aber auch der Tafelsitten. Er veröffentlicht Rezepte, wendet sich mit Ratschlägen an sein Publikum. Nicht der Glanz der Einrichtung, die Pracht der Bewirtung oder die Anzahl der Teilnehmenden gewähre den richtigen Maßstab des allgemein zu bewirkenden Vergnügens, sondern eine gewisse, sanft ansprechende, freundliche Harmonie in allem, sowohl in dem Betragen des Wirtes als seiner Umgebung. Speisen und Getränke seien nicht der Hauptzweck der Geselligkeit, sondern Mittel dazu, zu dieser Harmonie zu gelangen.
In dieser Betrachtungsweise ist er ganz und gar der Schüler Anna Amalias. Er setzt fort, was die Herzogin als Salonière begonnen hat – ungezwungene Geselligkeit zu pflegen.
Le Goullon trifft mit dem Buch den Geschmack des Publikums.
Es wird ein voller Erfolg.
Das Weimarer Bürgertum honoriert das Bemühen des Autors um kultivierte Geselligkeit. Behaglichkeit an einer wohlbesetzten Tafel will le Goullon schaffen. Einige frohe Stunden des Lebens sollen die Gäste genießen.
1815 erscheint eine zweite Auflage, bereits 1816 eine dritte. Bald drucken andere Verlage das Buch nach. 1829 erscheint noch eine erweiterte vierte Auflage.

Le Goullon ist stolz auf den Erfolg seines „Theetisches“. Als er 1813 ein weiteres Buch verfasst – das „Neujahrsgeschenk für Leckermäuler“ –, gibt er als Urheber den „Verfasser des eleganten Theetisches“ an. Längst ist der „Theetisch“ sein Markenzeichen.
1829 kommt dann noch ein Buch heraus: „Der neue Apicius oder Die Bewirthung vornehmer Gäste“. Der große Erfolg des „Theetisches“ ist diesem Buch aber nicht beschieden.
Am 10. August 1839 stirbt le Goullon.
Die Weimarische Zeitung bringt einen Nachruf über den „letzte(n) Diener der verewigten Herzogin Anna Amalia“: „Durch Biederkeit, Menschenfreundlichkeit und jene Gesinnung, die Gutes thut, ohne äußere Anerkennung zu erwarten, hat er sich Achtung erworben und erhalten.“

Rezepte

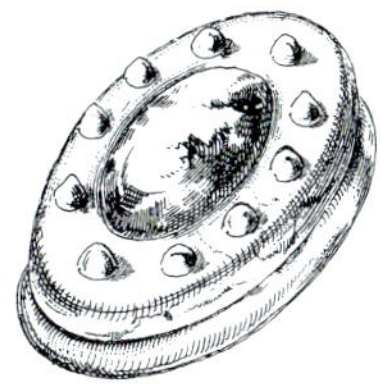

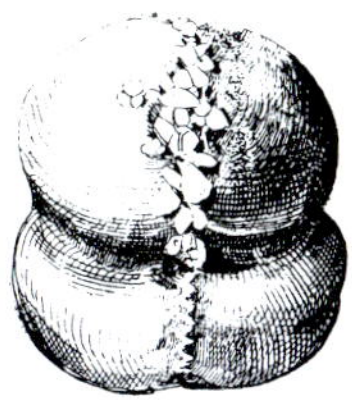

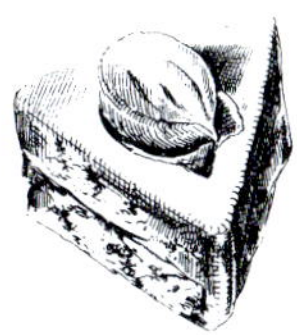

Heiß oder kalt: Getränke für jeden Geschmack *

Punsch auf gewöhnliche Art

Man nimmt zwei Pfund Zucker, reibt das Gelbe von vier Zitronen darauf ab und tut den Zucker in die Terrine, das Abgeriebene aber in ein darüber gestelltes Haarsieb oder in Ermangelung dessen in einen mit einer Serviette belegten Durchschlag, drückt den Saft von zwölf Zitronen dazu und gießt drei Maß kochendes Wasser, worinnen ein halbes Lot Tee gezogen hat, nebst einem Maß guten Arrak darüber, deckt die Terrine zu und setzt solche auf ein Kohlenfeuer. Sobald sich am Rand ein weißer Schaum zeigt, ist es Zeit, solche wegzunehmen.

1 kg Zucker
abgeriebene Schale
von 4 Zitronen
Saft von 12 Zitronen
3 l Wasser
4 Teel. Tee
1 l Arrak

* Die folgenden Rezepte sind entnommen aus: Le Goullon, François: Der elegante Theetisch, Weimar 1829. Um die Lesbarkeit zu fördern, wurden sie leicht bearbeitet.

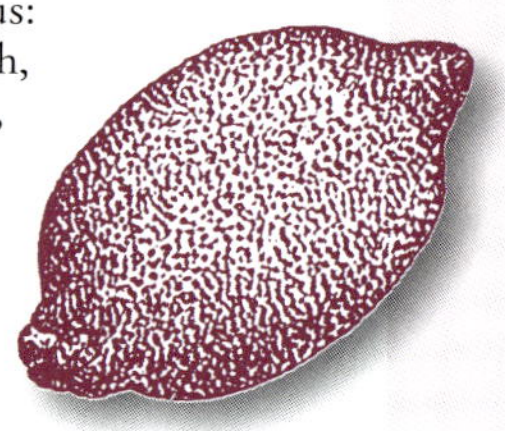

Punsch auf englische Art

Schale einer halben Zitrone
375 g Zucker
Saft von 3 Zitronen
1,5 l Wasser
0,5 l Rum
0,5 l Branntwein

Man schält die Hälfte einer Zitrone so fein wie möglich ab und tut diese Schale, in etliche kleine Stückchen geschnitten, nebst drei Viertelpfund Zucker in eine Terrine, drückt den Saft von drei Zitronen dazu und gießt zuerst drei Nösel kochendes Wasser und dann ein Nösel Rum und ebenso viel echten Franz-Branntwein* dazu, setzt die Terrine etliche Minuten auf heiße Asche oder über den kochenden Wasserkessel und serviert wie gewöhnlich.
Auch kann man statt drei Viertelpfund Zucker nur ein halbes Pfund nehmen und ein Quartier Syrup capilaire** darunter tun, welches diesem Punsch einen delikaten Geschmack gibt.

* Branntwein ** haarfeiner Sirup

Eier-Punsch

Man reibt von zwei Zitronen die Schale auf Zucker, tut dies nebst dem Saft von vier Zitronen, einem Pfund Zucker, einem Maß Franzwein, einem Nösel Arrak, einem Nösel Wasser und zwölf ganzen Eiern in einen Kessel, setzt ihn auf ein Kohlenfeuer und schlägt mit dem Besen so lange, bis es in einem Schaum in die Höhe steigt. Man serviert diesen Punsch in Becher-Gläsern.

Schale von 2 Zitronen
Saft von 4 Zitronen
500 g Zucker
1 l Branntwein
0,5 l Arrak
0,5 l Wasser
12 Eier

Punsch Royal

Zwei Pfund feiner Zucker wird in mehrere kleine Stückchen geschlagen, in eine Terrine getan, alsdann der Saft von zwölf Zitronen, nebst einem Nösel Wasser, worin ein Lot feiner Tee hinlänglich gezogen hat, durch eine Serviette darübergegossen. Sobald der Zucker zerschmolzen ist, gießt man ein Maß alten Rheinwein, ein Maß Burgunder, ein Maß Arrak, ein Maß Maraschino und eine Bouteille* Champagner hinzu, rührt alles mit einer Punschkelle wohl untereinander und serviert diesen Punsch kalt.

* Flasche

1 kg Zucker
Saft von 12 Zitronen
0,5 l Wasser
8 Teel. Tee
1 l Rheinwein
1 l Burgunder
1 l Arrak
1 l Maraschino
1 Flasche Champagner

Bischoff

8 Orangen
4 l Pontacwein
1 kg Zucker

Die alte Art des Bischoffbereitens, an welcher unsere Vorfahren sich erquickten, nicht selten aber den Genuss dieses damals viel umständlicher zusammengesetzten Gemengsels mit Kopfschmerz und Unbehagen bezahlten, ist folgende: Acht Stück schöne bittere Orangen oder Pomeranzen werden mit einem Messer, jedoch nur flach, von allen Seiten mit kleinen Schnittchen in die Schale geritzt und alsdann auf einem Rost über sehr gelindem Kohlenfeuer gebraten, nachher kreuzweise mit tiefen Einschnitten versehen, in einen irdenen Topf getan, vier Maß guten Pontac* darüber gegossen, den Topf wohl verdeckt, vier bis sechs Stunden auf heiße Asche gesetzt, damit die Orangen genugsam extrahiert werden, auch kann man sie einige Mal mit dem Löffel ausdrücken; noch besser ist es, wenn man sie über Nacht kann stehen lassen, alsdann durch eine Serviette presst und mit zwei Pfund Zucker versüßt. Man kann den Bischoff sowohl warm als kalt trinken. Auch kann man eine geröstete schwarze Brotrinde nebst etwas Zimt und Nelken dazutun und mit extrahieren lassen; der reine Pomeranzengeschmack ist aber immer vorzuziehen.

Die jetzige, weit einfachere und für Gaumen und Magen vorteilhaftere Weise der Zubereitung des Bischoffs ist: dass man für jede Flasche Wein zwei bittere Orangen, bei größerer Anzahl von Flaschen weniger (vielleicht 3 auf 2 Bouteillen) bestimmt. Man schält, wenn sie mit einem reinen Tuche sorgsam abgewischt sind, die gelbe Schale so dünn ab, dass nichts von der weißen, lederartigen Haut der Orangen daran hängen oder sitzen bleibt; hierauf weicht man diese Schale 10 oder 12 Stunden in Wein ein, probiert dann die voneinander geschnittenen Orangen, ob ihr Saft bitter oder sauer ist. Im letzteren Fall würde er das Getränk nur verwässern und unschmackhaft machen. Ist aber der Saft bitter, so drückt man ihn aus, mischt ihn mit dem übrigen Wein und dem gehörigen Zucker hinzu, gießt alles durch einen Durchschlag und serviert ihn in Bouteillen oder Terrinen als ein sehr labendes und wohltuendes Getränk.

* Pontacwein

3 Orangen
2 Flaschen Wein
Zucker nach Geschmack

Whist

16 Teel. Tee
1 l Wasser
1 kg Zucker
Saft von 12 Zitronen
6 l roter Bordeaux

Zwei Lot feiner Tee wird in einem Maß Wasser gekocht und durch eine Serviette auf zwei Pfund Zucker gegossen, der Saft von zwölf Zitronen dazugedrückt, sechs Maß guter Medoc* dazugetan, auf einem Kohlenfeuer kochend heiß gemacht und alsdann in Gläsern serviert; nur ist zu bemerken, dass dieses Getränk durchaus nicht kochen darf, weil es sonst seine liebliche Stärke verliert.

* roter Bordeaux

Schokolade

Für 10 Portionen:
10 Becher Wasser
300 g geriebene
Schokolade

Um gute wohlschmeckende Wasser-Schokolade zu machen, muss man von der feinsten Turiner Schokolade, welche sich dadurch auszeichnet, dass sie sich nicht allein äußerst leicht auflöst, sondern auch keinen Bodensatz wie die geringere Schokolade zurücklässt, nehmen, und dann auf folgende Art verfahren.
Man gießt so viel Schokoladenbecher voll Wasser in die Schokoladenkanne, als man braucht, rechnet auf jeden Becher zwei Lot Schokolade, welche man entweder schneiden oder auf dem Reibeisen reiben kann, tut solche hinein und lässt sie aufkochen, hebt nochmals vom Feuer und lässt sie ein wenig stehen.
Unterdessen setzt man die Schokoladenbecher in heißes Wasser und legt die Schokoladenschaufel in glühende Kohlen; alsdann wird die Schokolade mit dem Quirl zu Schaum gerührt und mit einem kleinen Schaumlöffel in die Tassen getan und damit so lange fortgefahren, bis die Tassen ganz gehäuft voll Schaum sind, welchen man alsdann mit der glühenden eisernen Schaufel, die man einen halben Zoll hoch über die Tassen hält, bäckt; doch ist dieses nicht unumgänglich nötig, sondern es geschieht bloß,

um zu verhüten, dass sich der Schaum nicht so geschwinde setzen soll. Man serviert gewöhnlich diese Schokolade mit Zwieback oder fein gerösteter Semmel.

Milch-Schokolade

1,5 l Milch
6 Eigelb
180 g geriebene Schokolade
15 bis 30 g Zucker

Man setzt drei Nösel Milch in einer Kanne oder einem Topf, welcher aber wenigstens fünf Nösel halten muss, über das Feuer, gießt, solche anfängt, recht heiß zu werden, ungefähr ein halb Nösel davon in ein anderes Geschirr, um sechs Eidotter darin recht schaumig zu quirlen. Sobald die Milch anfängt zu steigen, schüttet man zwölf Lot geriebene Schokolade und ein oder zwei Lot Zucker hinein, lässt solche in die Höhe steigen, gießt den Eierschaum dazu, und setzt solche noch einige Minuten, unter beständigem Quirlen, auf das Feuer. Wenn alles genau beobachtet und die Schokolade gerade in dem Moment, wenn die Milch steigt, hineingetan wird, so wird solche außerordentlich schaumig und gibt weit mehr Tassen als gewöhnlich.
Nachbemerkung: Die Milch darf vorher nicht schon abgesotten gewesen sein.

Glühwein

Vier ganze Eier und von vier Eiern das Gelbe werden in eine Kasserolle getan und nach und nach ein Maß Franken- oder Rheinwein daruntergerührt, alsdann durch ein Haarsieb gegossen, damit die Keime der Eier zurückbleiben, und nebst zwölf Lot Zucker und einigen Stückchen Zimt auf das Feuer gesetzt und ununterbrochen mit dem Schlagbesen so lange geschlagen, bis er in einem dicken Schaum in die Höhe steigt.
Man serviert den Glühwein in Tassen.

4 Eier
4 Eigelb
1 l Franken- oder Rheinwein
180 g Zucker
einige Stückchen Zimt

Bavaroise oder Bayrischer Tee

Ein Nösel gewöhnlicher, etwas starker Tee wird mit ebenso viel Milch vermischt, sechs Eigelb, welche man zuvor mit etwas kalter Milch abgequirlt hat, werden daruntergerührt und hinlänglich mit Syrup capilaire versüßt und heiß in Tassen serviert.

0,5 l starker Tee
0,5 l Milch
6 Eigelb
Sirup nach Geschmack

Dreifuß

1 l Pontacwein
8 g Zimt
1 g Vanille
180 g Zucker
8 Eigelb

Ein Maß Pontac, ein halbes Lot Zimt, eine halbe Quente Vanille, zwölf Lot Zucker werden auf dem Feuer kochend gemacht. Während dessen werden acht Eidotter mit etwas kaltem Pontac abgequirlt und, sobald es kocht, daruntergegossen, noch einige Minuten über dem Feuer unter beständigem Quirlen gehalten, bis es aufstößt, und sodann in Tassen serviert.

Orgeade oder Mandelmilch

250 g süße Mandeln
2 l Wasser
Zucker nach Geschmack
etwas Orangenblütenwasser

Ein halbes Pfund süße auserlesene Mandeln werden zu drei wiederholten Malen in frischem Wasser gewaschen und mit den Händen durchgerieben, dann in einem Reibstein oder, in Ermangelung dessen, mit etwas Wasser in einem Mörser recht fein gestoßen, alsdann in ein anderes Gefäß getan, nach und nach zwei Maß Wasser daruntergerührt, durch eine Serviette wohl ausgepresst und nach Belieben mit fein gestoßenem Zucker versüßt, auch zuletzt ein wenig Orangenblüten-Wasser daruntergetan, welches diesem Getränk einen äußerst lieblichen Geschmack gibt.

Himbeer-Wasser

Man zerquetscht die Himbeeren in einem irdenen Gefäß, drückt sie durch eine Serviette, tut zu einem Maß Saft zwei Maß Wasser und den Saft von einer Zitrone, versüßt ihn und lässt ihn durch ein Haarsieb oder eine Serviette laufen.

1 l Himbeersaft
2 l Wasser
Saft von 1 Zitrone
Zucker nach Geschmack

Kirschen-Wasser

Man nimmt recht reife Kirschen, zupft sie von den Stielen und stößt sie mitsamt den Kernen nebst ein paar Nelken und Zimt in einem Mörser, lässt sie einige Stunden in einem irdenen Geschirr stehen, presst sie sodann durch ein leinenes Tuch, tut zu einem Maß Saft zwei Maß Wasser, versüßt ihn und verfährt wie bei dem vorigen.

1 l Kirschsaft
2 l Wasser
einige Nelken
etwas Zimt
Zucker nach Geschmack

Zum Naschen: Cremes, Gelees und glacierte Früchte

Geschlagener Rahm oder Sahne

frischer süßer Rahm
1 Essl. Orangenblütenwasser
etwas Zucker
Sahnebaisers oder Biskuit zum Garnieren

Man tut in einen irdenen Asch, so viel man nötig zu haben glaubt, frischen süßen Rahm, tut einen Löffel doppelt abgezogenes Orangenblütenwasser und etwas gestoßenen Zucker dazu und schlägt ihn zu Schaum. Dieser Schaum nun wird mit einem Schaumlöffel behutsam auf ein Haarsieb getan, unter welches man eine Porzellanschüssel setzt, damit der abtröpfelnde Rahm hineinfallen kann. Dieser wird wieder in den Asch gegossen, und so verfährt man fort, bis er sämtlich zu Schaum ist; doch muss man ihn, so oft man frischen dazutut, untereinander rühren. Alsdann wird er pyramidenförmig auf die Schüssel dressiert und an einen kühlen Ort gesetzt, damit er bis zum Servieren frisch bleibt. Man garniert die Schüssel mit Sahnebaisers oder Biskuit.

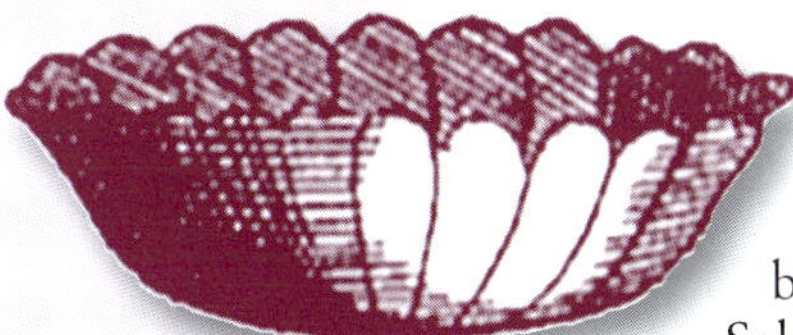

Geschlagener saurer Rahm

Man nimmt drei Nösel dicken sauren Rahm, der aber nicht bitter schmecken darf, tut acht Lot gestoßenen Zucker dazu und schlägt ihn zu einem dicken Schaum, wozu man eine gute Viertelstunde Zeit braucht. Man darf den dicken Rahm nicht zu lange schlagen, weil er leicht butterig wird. Man serviert ihn wie den vorhergehenden.

1,5 l saurer Rahm
120 g Zucker

Jungfrauen-Creme

Man tut sechs Lot gestoßenen Zucker in drei Nösel süßen Rahm und lässt solchen unter beständigem Umrühren bis auf ein Maß einkochen, tut alsdann das zu Schnee geschlagene Weiße von drei Eiern dazu und rührt ihn auf gelindem Feuer so lange, bis er anfängt, sich zu verdünnen; alsdann lässt man solchen durch ein nicht allzu feines Haarsieb laufen und in einer Kompottschale erkalten.

90 g Zucker
1,5 l süßer Rahm
3 Eiweiß

Creme von Schokolade

250 g Schokolade
1,5 l Rahm
2 Eier
4 Eigelb
etwas Zucker

Man reibt ein halbes Pfund Schokolade und lässt solche in drei Nösel Rahm aufkochen. Wenn dieses wieder kalt geworden, werden zwei ganze Eier und vier Dotter zu Schaum geschlagen, nebst etwas Zucker daruntergetan und übrigens wie bei dem Vorhergehenden verfahren.

Eier-Schnee

Man schlägt das Weiße von zehn Eiern zu einem steifen Schnee und tut alsdann ein Viertelpfund gestoßenen Zucker mit etwas getrockneten Orangenblüten oder abgeriebener Zitronenschale dazu; alsdann wird ein Maß Milch in einem Topf, welcher wenigstens zwei Maß hält, gesotten, der Eierschnee löffelweise behutsam hineingetan und das Feuer weggenommen, damit er nur zitternd kocht. Nach einigen Minuten wendet man ihn um und richtet ihn alsdann mit einem Schaumlöffel an. Die Milch, worin der Eierschnee gekocht worden ist, wird mit den zehn Eidottern ablegiert, das heißt, die Dotter werden mit etwas kalter Milch und, wenn man will, mit einigen Löffeln voll Rosen- oder Orangenblütenwasser recht klar gequirlt, in die kochende Milch gerührt und unter beständigem Quirlen so lange auf dem Feuer gelassen, bis solche anfängt, dicklich zu werden (man darf sie aber nicht kochen lassen); alsdann lässt man sie kalt werden und richtet sie über dem Eierschnee an.

10 Eier
125 g Zucker
etwas getrocknete Orangenblüte oder abgeriebene Zitronenschale
1 l Milch
etwas Rosen- oder Orangenblütenwasser

375 g geraspeltes Hirschhorn
1,5 l Wasser
250 g Zucker
abgeriebene Schale von 3 Zitronen
3 Eiweiß
0,5 l Rheinwein
Saft von 6 Zitronen

Zitronen-Gelee

Drei Viertelpfund geraspeltes Hirschhorn wird recht rein abgewaschen und in drei Nösel Wasser ganz langsam drei bis vier Stunden gekocht, alsdann durch ein Haarsieb passiert, wo es ungefähr noch ein Maß bleibt. Man tut ein halbes Pfund Zucker, worauf drei Zitronen abgerieben, und drei zu Schnee geschlagene Eiweiß dazu und lässt es bei gelindem Feuer noch etwas aufwallen. Hierauf nimmt man es vom Feuer weg und tut ein Nösel Rhein- oder Franzwein nebst dem Saft von sechs Zitronen dazu. Eine nicht zu dichte Serviette wird an die vier Beine eines umgewendeten Stuhles befestigt, ein porzellanenes Geschirr darunter gesetzt und das Gelee noch heiß auf diese Serviette gegossen. Da es bei dem ersten Mal Durchlaufen selten ganz hell wird, so muss man es zwei, auch drei Mal wiederholt durchlaufen lassen. Sollte es währenddessen zu steif werden, so kann man es ein wenig wärmen. Beim letzten Mal Durchlaufen muss man es sogleich in die Schale oder Form, worinnen man es aufsetzen will, laufen lassen. Wenn man alles, wie es hier vorgeschrieben ist, beobachtet, so muss das Gelee so durchsichtig und hell wie Rheinwein sein.

Rosen-Gelee

Dieses ist zwar ein sehr einfaches, aber äußerst wohlschmeckendes Gelee. Man tut zu dem Hirschhorn, welches, wie bei dem Zitronen-Gelee gemeldet, doch nur mit einem Maß Wasser gekocht wird, ein Lot Tournesol* und lässt es mit dem geschlagenen Eiweiß und Zucker einmal aufwallen, damit es eine schöne Röte bekommt. Man nimmt es alsdann vom Feuer und tut ein halbes Nösel von dem besten Rosenwasser nebst dem Saft von sechs Zitronen und einem Nösel Rheinwein dazu und verfährt auf beschriebene Art.

375 g geraspeltes Hirschhorn
1 l Wasser
3 Eiweiß
250 g Zucker
250 g Rosenwasser
Saft von 6 Zitronen
0,5 l Rheinwein

* Lackmus zum Rotfärben

Glacierte oder überzogene Johannisbeeren

weiße und rote
Johannisbeertrauben
etwas Eiweiß
Zucker

Man sucht, so viel man nötig hat, recht schöne reife Trauben, sowohl weiße als rote aus, wäscht solche, und lässt sie auf einem Sieb wieder trocken werden, schwenkt sie in einem etwas großen Geschirr mit ein wenig geschlagenem Eiweiß herum, sodass solche überall von dem Eiweiß angefeuchtet werden. Hierauf wird fein gestoßener und gesiebter Kanarienzucker* in einer Kasserolle recht heiß gemacht und die Johannisbeer-Trauben nach und nach darinnen herumgeschwenkt (denn man darf nicht zu viel auf einmal hineintun), die nun ganz mit weißem Zucker überpudert scheinen. Man legt sie auf ein Sieb und lässt sie trocken werden.

* gelbe Zuckersorte

Glacierte Maronen

500 g Raffinade
0,5 l Wasser
etwas Eiweiß
etwas Zitronensaft
Maronen

Hierzu wird ein Pfund Zucker zum Bruch gekocht. Man nimmt nämlich ein Pfund feine Raffinade und ein Nösel Brunnenwasser, läutert sie mit ein wenig Eiweiß und kocht sie bei starkem Feuer in einer kupfernen verzinnten Kasserolle. Die Probe, ob der Zucker gut sei, wird auf folgende Art gemacht:
Man nimmt einen glatten Stock, taucht solchen erst in kaltes Wasser, dann in den Zucker und geschwind wieder in das Wasser; alsdann probiert man ihn zwischen den Zähnen. Wenn er kracht und sich nicht zähe an die Zähne hängt, so ist er gut; alsdann drückt man einige Tropfen Zitronensaft hinein und glaciert die Maronen damit. Die Maronen werden vorher leicht gebraten, geschält und an hölzerne Spießchen gesteckt. Man tunkt sie in den Zucker, lässt sie abtröpfeln und dreht sie so lange ganz langsam herum, bis sie ein wenig erkaltet sind. Wenn der Zucker anfängt kalt zu werden, so muss man ihn unter öfterem Herumschütteln wärmen.

Für Leckermäuler: Kuchen, Törtchen und Waffeln

Portugiesische Kuchen

500 g Butter
5 Eier
4 Eigelb
375 g Zucker
abgeriebene Schale von 1 Zitrone
500 g Mehl

Man lässt ein Pfund frische Butter langsam zergehen, rührt nach und nach fünf ganze Eier und vier Eigelb nebst drei Viertelpfund fein gesiebten Zucker und abgeriebene Schale einer Zitrone darunter. Wenn die Masse anfängt, unter dem Rühren schaumig zu werden, rührt man ein Pfund weißes, trockenes, fein gesiebtes Mehl nach und nach darunter, dann werden kleine Blechformen, wie man solche gewöhnlich zu Pastetchen nimmt, mit zerlassener Butter vermittelst eines Pinsels leicht bestrichen, mit der Masse halb angefüllt, auf ein Backblech gesetzt und eine halbe Stunde bei gelindem Feuer gebacken.

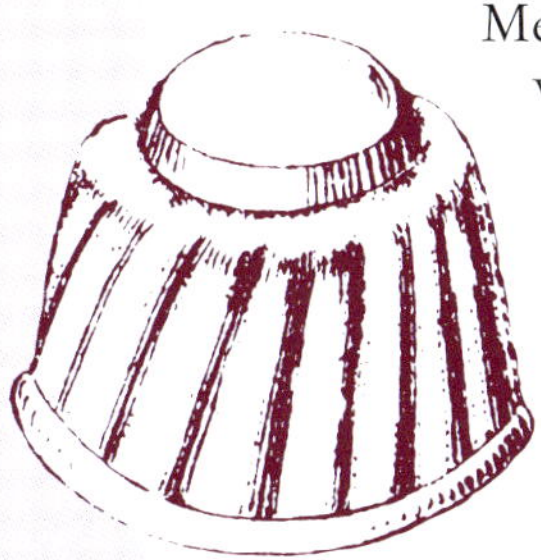

Sandtörtchen

500 g Butter
12 Eier
abgeriebene Schale
von 1 Zitrone
500 g Zucker
500 g Mehl

Dieses Backwerk hat viel Ähnliches in der Bereitung mit dem vorigen, ist aber deswegen doch von ganz verschiedenem Geschmack. Man lässt ein Pfund frische Butter zerschmelzen, rühret nach und nach zwölf Eigelb, das Abgeriebene einer Zitrone und ein Pfund fein gesiebten Zucker darunter. Das Eiweiß wird in einem Kessel oder Reibasch mit einem gewöhnlichen Schlagbesen von geschältem Birkenreisig zu einem steifen Schaum geschlagen und unter die Masse getan, zuletzt ein Pfund Mehl löffelweise daruntergerührt. Man bedient sich der nämlichen Formen, und verfährt bei dem Backen ganz so wie bei dem Vorigen. Jede dieser Massen gibt wenigstens sechzig bis siebzig Förmchen von gewöhnlicher Größe.

Anis-Strötzel

4 Eier
8 Eigelb
500 g Zucker
etwas Anis
500 g Mehl
etwas Butter

Vier ganze Eier und das Gelbe von acht Eiern werden in einem Kessel oder Reibeasch mit einem Pfund fein gestoßenem Zucker gut abgerührt. Hierauf tut man etwas gelesenen (gereinigten) und nach dem Waschen getrockneten Anis darunter und rührt nach und nach ein Pfund von dem feinsten, trockensten Mehl (denn von diesem hängt gewöhnlich die Güte dieses Backwerkes ab) dazu. Man bestreicht nunmehr ein gewöhnliches Backblech mit Butter, setzt die Masse in etlichen, etwa drei Querfinger breiten Striemen mit einem Löffel darauf, macht die Höhe der Masse mit einem breiten Messer, so viel wie möglich, egal und lässt sie bei gelindem Feuer drei Viertelstunden backen. Das Backblech muss nach einer halben Stunde, aber nicht früher, umgedreht werden, in der Art, dass die Seite, welche die vorderste war, nach hinten zu stehen kommt. Dasselbe muss bei allen Backwerken, die auf einem Blech gebacken werden, geschehen; denn nie kann einer Back- oder Bratröhre ganz egale Hitze durch das Feuer mitgeteilt werden, weil dieses immer mehr nach der Hinterseite zieht. Wenn man dieses alles genau beobachtet und die

Strötzel nach der vorgeschriebenen Zeit herausnimmt, so müssen diese oben ganz platt und glaciert wie Biskuit aussehen und dürfen nicht aufgesprungen sein. Man schneidet sie noch warm von dem Blech ab, und nachdem sie erkaltet, schneidet man solche quer durch in Strötzel von beliebiger Dicke, legt sie auf Papier und röstet sie in der Röhre schön goldgelb. Diese Strötzel halten sich, wie Zwieback, mehrere Wochen.

Hirsch-Zungen

12 Eiweiß
500 g Zucker
abgeriebene Schale von 1 Zitrone
500 g Mehl
etwas Butter

Das Weiße von zwölf Eiern wird zu starkem Schnee geschlagen, dann ein Pfund feiner Zucker, das Abgeriebene einer Zitrone und ein Pfund feines Mehl daruntergerührt. Die Masse wird auf Kupferblechen, welche man mit Butter leicht bestreicht, vermittelst eines Esslöffels in der Form leichten Biskuits, das heißt, in der Mitte schmal und an beiden Enden breiter, aufgesetzt und bei mittelmäßiger Hitze gebacken; wenn sie gut sind, drückt man sie über ein rundes Holz, damit sie gekrümmt bleiben.

Prinzessen-Törtchen

500 g Butter
12 Eigelb
500 g Zucker
250 g süße Mandeln
abgeriebene Schale
von 6 Zitronen
30 g gestoßener Zimt
6 Gewürznelken
1 g Kardamom
500 g Mehl
4 Eiweiß

Man zerlässt ein Pfund frische Butter und rührt solche mit zwölf Eigelb und einem Pfund fein gestoßenem Zucker recht schaumig. Ein halbes Pfund süße Mandeln werden mit etwas Eiweiß in einem Mörser recht zart gestoßen und mit der abgeriebenen Schale von sechs Zitronen, zwei Lot gestoßenem Zimt, sechs Würznelken, einer halben Quente Kardamom, auch einem Pfund guten trockenen Mehls gerührt sowie zuletzt von vier Eiern das Weiße zu Schnee geschlagen und daruntergetan. Das Backblech wird mit Papier belegt und die Masse mit einem Löffel in kleine Häufchen von der Größe eines harten Guldens, doch nicht zu enge, aneinander daraufgesetzt, mit zerschlagenem Eiweiß mit einem Pinsel leicht bestrichen, mit Zucker und fein gehackten Mandeln bestreut und bei gelinder Hitze anderthalb Viertelstunden gebacken.

Hannöversche Küchelchen

Man rührt ein Pfund gut abgeklärte Butter und ein Pfund fein gestoßenen Zucker mit sechzehn Eigelben zu Schaum, tut das Abgeriebene einer Zitrone dazu, und rührt nun zwölf Lot als die Hälfte des gehörigen Mehls und ebenso die Hälfte der zu Schnee geschlagenen sechzehn Eiweiß langsam darunter, alsdann nimmt man die übrigen zwölf Lot Mehl, rührt sie ebenfalls darunter und zuletzt die andere Hälfte des Eierschnees. Dieses Verfahren ist unumgänglich nötig. Diese Masse füllt man entweder in papierne Kapseln wie den Biskuit oder auch in blecherne von der nämlichen Form; jedoch dürfen beide nur halb voll gemacht und letztere mit Butter leicht ausgestrichen werden, denn die Masse steigt. Dieses Backwerk wird bei mäßiger Hitze ungefähr drei Viertelstunden gebacken und wo möglich die Röhre in dieser Zeit nicht geöffnet.

500 g Butter
500 g Zucker
16 Eier
abgeriebene Schale von 1 Zitrone
360 g Mehl

Ulmer Brot

10 Eier
250 g Zucker
180 g Mehl
1 Muskatnuss
Oblaten
fein geschnittene Mandeln zum Bestreuen
etwas Puderzucker

Von zehn Eiern wird das Weiße zu einem steifen Schnee geschlagen, dann die Dotter nebst einem halben Pfund Zucker hinzugetan und nun die Masse auf einem schwachen Kohlenfeuer warm geschlagen, bis solche recht ausquillt; dann wird zwölf Lot feines Mehl und eine Muskatnuss daruntergetan und wieder kalt geschlagen. Die Masse wird auf lange Streifen Oblate mit einem Messer aufgestrichen, mit recht fein geschnittenen Mandeln bestreut, mit Zucker gepudert und bei etwas raschem Feuer gebacken.

Berliner Zuckerbogen

500 g Zucker
500 g Mehl
6 Eier
etwas Zitronenschale
etwas Orangenblüte

Ein Pfund Zucker, ein Pfund feines Mehl wird mit sechs ganzen Eiern zu einer Masse wie zu Anis-Küchelchen gearbeitet und etwas Zitronenschale und Orangenblüten daruntergetan. Diese Masse wird auf Butterpapier einen guten Messerrücken dick gestrichen, eine Viertelstunde langsam gebacken, dann in drei Finger breite Striemen geschnitten und noch warm über ein rundes Holz von der Dicke einer starken Wachskerze gebogen.

Mandel-Späne

Drei Viertelpfund süße und ein Viertelpfund bittere Mandeln werden mit vier Eiweiß recht klar gestoßen und mit drei Viertelpfund gestoßenem Zucker, worauf eine Zitrone abgerieben, nebst dem Schnee von sechs Eiern, gut untereinandergerührt. Ein Backblech wird mit Butter leicht bestrichen, die Masse einen Messerrücken dick daraufgesetzt, mit etwas gehackten Pistazien bestreut und bei sehr mäßiger Hitze gebacken, dann in fingerbreiten Striemen heiß abgeschnitten und über einen runden Stock gewickelt, um diesem Backwerk die Gestalt eines Hobelspans zu geben.

375 g süße Mandeln
125 g bittere Mandeln
10 Eiweiß
375 g Zucker
abgeriebene Schale von 1 Zitrone
etwas Butter
gehackte Pistazien zum Bestreuen

Vanille-Nüsschen

Ein Pfund feiner Zucker wird gestoßen und durch ein Sieb passiert, alsdann mit dem Eiweiß von vier Eiern und dem Saft von zwei Zitronen, auch etwas ganz fein gestoßener Vanille zu einem Zuckerguss gerührt, mit einem Spatel ganz kleine runde Plätzchen auf Papier gesetzt und bei ganz schwachem Feuer gebacken.

500 g Zucker
4 Eiweiß
Saft von 2 Zitronen
etwas gestoßene Vanille

Schokoladen-Biskuit

12 Eier
250 g Zucker
90 g Schokolade
180 g Mehl

Zwölf Eidotter, ein halbes Pfund Zucker und sechs Lot fein gesiebte Schokolade werden eine gute Viertelstunde wie gewöhnlich gerührt, sodann zwölf Lot feines Mehl nach und nach daruntergetan und zuletzt das Weiße der zwölf Eier zu Schnee geschlagen und langsam daruntergezogen. Man füllt diese Masse ebenfalls in Kapseln.

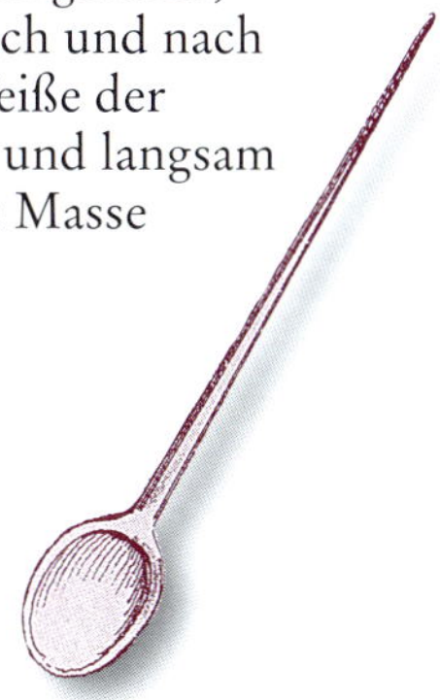

Wiener Eisbogen

250 g Zucker
5 Eier
abgeriebene Schale von 1 Zitrone
250 g Mehl
etwas Butter
geschnittene Mandeln zum Bestreuen

Ein halbes Pfund Zucker wird mit fünf Eiern und dem Abgeriebenen einer Zitrone gut gerührt, ein halbes Pfund feines Mehl nach und nach daruntergezogen und alsdann die Masse auf ein mit Butter leicht bestrichenes Backblech einen guten Messerrücken dick gestrichen, mit fein geschnittenen Mandeln bestreut und langsam eine gute Viertelstunde gebacken, sodann in drei Finger breiten Striemen noch heiß abgeschnitten und geschwind über ein rundes Holz gebogen, ehe sie erkalten: denn sonst springen sie.

Runder Karlsbader Biskuit

Man rührt das Gelbe von zwölf Eiern mit einem halben Pfund gestoßenem Zucker, bis es weiß und schaumig wird. Das Weiße der Eier wird zu Schnee geschlagen und nebst zwölf Lot Stärkemehl daruntergerührt, alsdann ein Backblech mit Papier belegt, die Masse in Häufchen von der Größe eines halben Eies daraufgesetzt, mit gestoßenem Zucker besiebt und eine Viertelstunde bei gelindem Feuer gebacken.

12 Eier
250 g Zucker
180 g Stärkemehl

Königs-Kuchen

Ein halbes Pfund süße und vier Lot bittere Mandeln werden mit zwei ganzen Eiern recht zart gestoßen und mit achtundzwanzig Eidottern und eineinhalbem Pfund fein gesiebtem Zucker ungefähr eine halbe Stunde recht gut gerührt, alsdann zwei Pfund frische zerlassene Butter nach und nach daruntergetan und noch eine Weile gerührt. Die abgeriebene Schale von zwei Zitronen, ein halbes Lot Zimt, eine Quente Muskatblüten, etwas trockene Orangenblüten oder stattdessen eine Schote

250 g süße Mandeln
60 g bittere Mandeln
30 Eier, 750 g Zucker
1 kg Butter
abgeriebene Schale
von 2 Zitronen
8 g Zimt
2 g Muskatblüten
etwas getrocknete
Orangenblüte oder
1 Schote Vanille
750 g Mehl

Vanille und eineinhalbes Pfund feines Mehl werden nach und nach dazugerührt und zuletzt das Weiße der achtundzwanzig Eier zu Schnee geschlagen und langsam daruntergezogen. Zum Backen gehört eine runde blecherne Form mit einem glatten, gute drei Querfinger hohen Rand. Diese Form wird mit Butter leicht ausgestrichen und von der Masse so viel hineingetan, dass der Boden einen kleinen Finger dick damit bedeckt wird; alsdann wird diese Form auf eine gewöhnliche kupferne Tortenpfanne gesetzt und auf einem nicht allzu hohen Dreifuß über eine mit Asche untermischte Kohlenglut gesetzt. Oben wird die Form mit einem Deckel von Eisenblech, der um einen Zoll größer als die Form und ebenfalls mit einem Rande versehen ist, zugedeckt und glühende Kohlen daraufgetan, damit die erste Schicht der Masse sowohl von unten als oben backen kann. Ist diese gar, so wird wieder von der Masse daraufgetan wie das erste Mal, die Hitze aber unten vermindert, und bei dem dritten Mal Auftragen darf nur noch die heiße Asche unter der Tortenpfanne sein; oben aber muss solche stets egal erhalten werden, bis der Kuchen durch das wiederholte Auftragen in die Höhe kommt. Denn je höher er kommt, desto schwächer muss man die Hitze machen, damit jeder Aufguss zwar gut durchbäckt, aber nicht verbrennt. Je mehrmals man auftragen kann, desto schöner wird der Kuchen; nur muss in Obacht genommen werden, dass jedes Mal Auftragen gut und egal goldgelb bäckt; denn der Kuchen darf, wenn er zerschnitten wird, weder talkige noch schwarze Stellen haben, sondern muss wie ein gestreiftes Band aussehen.

Mandel-Torte

Man nehme zwanzig Eier, und von diesen bediene man sich vier Eiweiß, um ein Pfund geschälte Mandeln, worunter vier Lot bittere sind (und welche, wohlgemerkt, nach dem

20 Eier
440 g süße Mandeln
60 g bittere Mandeln
250 g Zucker
abgeriebene Schale von 1 Zitrone
120 g geriebene Semmel
etwas Butter

Schälen wieder getrocknet werden müssen) recht fein zu stoßen; alsdann tut man solche in einen Reibasch nebst einem halben Pfund gestoßenen Zucker, dem Abgeriebenen einer Zitrone oder etwas trockenen Orangenblüten und rührt die zwanzig Eigelb darunter. Nachdem diese Masse beinahe eine Stunde gerührt worden ist, tut man das zu Schnee geschlagene Eiweiß nebst acht Lot feiner Semmelkrume dazu, rührt es langsam darunter und füllt solche in eine mit Butter ausgestrichene gewöhnliche Tortenform und bäckt sie zwei Stunden bei mittelmäßigem Feuer. Um sich zu überzeugen, ob die Torte ausgebacken sei, macht man die Probe folgendermaßen: Man sticht mit einem dünnen geschälten Hölzchen auf zwei Seiten in die Mitte der Torte und zieht alsdann das Hölzchen durch die Finger. Wenn es noch teigig und klebrig ist, so lässt man sie noch ein wenig stehen, tut sodann einen Bogen Papier auf ein umgewendetes Haarsieb, stürzt die Torte darauf und lässt sie kalt werden, legt wieder einen Bogen Papier darauf, stürzt auf das äußere Teil eines Haarsiebes die Torte und setzt solche noch ein wenig in die Röhre.

Schokoladen-Torte

Man stoße ein Pfund geschälte Mandeln mit vier ganzen Eiern recht zart, reibe zwölf Lot gute Schokolade auf einem Reibeisen, schlage das Weiße von achtzehn Eiern zu Schnee, tue das Gelbe nebst drei Viertelpfund gestoßenem Zucker dazu und schlage es noch ein kleines Weilchen. Alsdann rührt man diese Masse nach und nach unter die gestoßenen Mandeln und die Schokolade, damit es nicht klumpig wird, tut noch zwei bis drei Esslöffel voll gesiebtes Mehl und ein halbes Lot gestoßenen Zimt dazu und füllt sie in die mit Butter ausgestrichene Form.

500 g Mandeln
22 Eier
180 g Schokolade
375 g Zucker
2 bis 3 Essl. Mehl
8 g gestoßener Zimt
etwas Butter

Brot-Torte

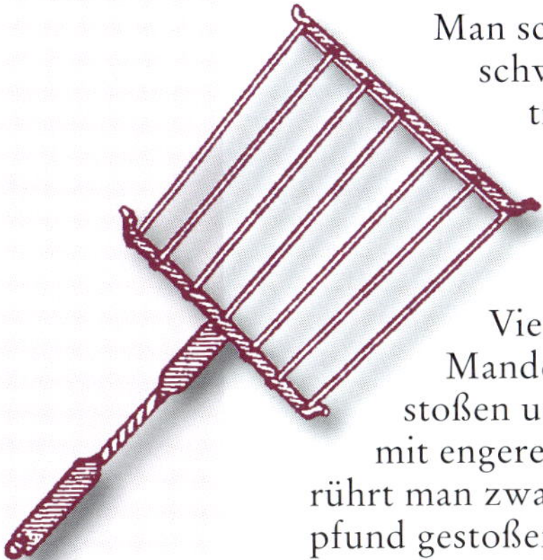

Man schneidet wohlgebackenes schwarzes Brot in dünne Scheiben, trocknet solche in der Röhre, damit sie sich stoßen und durch ein Haarsieb sieben lassen. Von diesem durchgesiebten Brot wiegt man drei Viertelpfund; ein Viertelpfund Mandeln werden mit der Schale gestoßen und durch einen Durchschlag mit engeren Löchern gerieben; alsdann rührt man zwanzig Eidotter mit drei Viertelpfund gestoßenem Zucker zu Schaum, tut dann die Mandeln, zwölf gestoßene Würznelken, eine halbe Muskatnuss, ein halbes Lot Zimt, etwas Kardamom und ein wenig Anis, desgleichen vier Lot eingemachte Orangenschalen und vier Lot geschnittenes Zitronat darunter, und rührt es nebst den zu steifem Schnee geschlagenen zwanzig Eiweiß wohl durcheinander, und zuletzt wird das Brot nach und nach daruntergezogen. Man füllt diese Masse in eine gewöhnliche Tortenform und bäckt solche bei gelindem Feuer zwei Stunden wie Biskuit.

375 g Schwarzbrot
125 g Mandeln
20 Eier
375 g Zucker
12 Gewürznelken
1/2 Muskatnuss
8 g Zimt
etwas Kardamom
etwas Anis
60 g eingemachte Orangenschalen
60 g Zitronat

Sand-Torte

Ein Pfund wohl abgeklärte Butter wird mit sechzehn Eidottern recht schaumig gerührt, wozu eine gute halbe Stunde erforderlich ist; alsdann wird das Abgeriebene einer Zitrone, zwölf gestoßene Nelken, eine halbe Muskatnuss, ein halbes Lot Zimt, ein Pfund gestoßener Zucker und ein Pfund Mehl unter beständigem Rühren nach und nach dazugetan, zuletzt das zu Schnee geschlagene Eiweiß langsam daruntergezogen.

Um diesem wohlschmeckenden und beliebten Backwerk ein schöneres und weniger gemeines Ansehen zu geben, habe ich mir folgende wohlfeile und mit Beifall aufgenommene Form machen lassen, welcher man sich auch zu Brot- und Mandeltorten bedienen kann. Diese Form besteht aus neun blechernen viereckigen flachen Kästen, von denen das unterste, als das größte, neun Zoll im Quadrat hat. Sie sind jedes ein Zoll hoch, der Rand ein wenig auswärts gebogen, damit das Backwerk leichter herausgehe. Jedes der Übrigen nimmt an Größe etwas ab, so, dass wenn sie angefüllt übereinander gesetzt werden, solche eine ägyptische Pyramide bilden; das Letzte, welches die Spitze der Pyramide macht,

500 g Butter
16 Eier
abgeriebene Schale von 1 Zitrone
12 Gewürznelken
1/2 Muskatnuss
8 g Zimt
500 g Zucker
500 g Mehl
Kirsch-, Johannisbeer- oder Himbeermarmelade

ist nach diesem Maßstab vom Klempner leicht zu verfertigen. Zugleich lässt man sich einen Reif von Blech machen, um diese kleine Form in der Röhre auf dem spitzen Teil hineinstellen zu können, dass sie nicht umfalle. Diese Formen werden leicht mit Butter ausgestrichen und beinahe ganz mit der Masse angefüllt, welche nur wenig steigt, alsdann sämtlich nebeneinander auf ein Backblech gesetzt, doch so, dass zwischen jeder ein kleiner Raum bleibt, und ungefähr drei Viertelstunden bei gelindem Feuer gebacken. Man stürzt die Formen noch warm auf Papier, lässt sodann die Torten verkühlen, bestreicht die obere Seite einen guten Messerrücken dick mit Marmelade von Kirschen, Johannis- oder Himbeeren und setzt solche übereinander, indem man an den Stellen, welche ein wenig vorspringen, noch nachhilft, dass man den Rand geradeschneidet.

Geschlagene Waffeln

Ein halbes Pfund zerlassene Butter wird mit zwölf Eidottern zu Schaum gerührt, ein Viertelpfund feines Mehl nach und nach daruntergezogen, das Eiweiß zu Schnee geschlagen und nebst einem Nösel dicken sauren Rahm, welchen man ebenfalls zu Schnee schlägt, daruntergetan. Das Waffeleisen wird heiß gemacht, mit einer Speckschwarte ausgestrichen, wieder sauber abgetrocknet und die Waffeln wie gewöhnlich gebacken, doch darf das Eisen nur zur Hälfte mit der Masse angefüllt werden, weil diese steigt. Die Waffeln werden noch warm mit Zucker bestreut.

250 g Butter
12 Eier
125 g Mehl
0,5 l saurer Rahm
Zucker zum Bestreuen

Zimt-Waffeln

Zuerst wird ein halbes Pfund Butter zu Schaum geschlagen und sechs ganze Eier nach und nach dazugerührt, dann ein halbes Pfund Zucker und zwei Lot ganz fein gestoßener Zimt, zuletzt drei Viertelpfund ganz feines Mehl daruntergezogen und in der Waffelform gebacken.

250 g Butter
6 Eier
250 g Zucker
30 g gestoßener Zimt
375 g Mehl

Hohlhippen

60 g Butter
2 Eier
4 Eigelb
125 g Zucker
abgeriebene Schale von 1 Zitrone
etwas Muskatblüte, Zimt, Anis und Koriander
250 g Mehl
0,5 l Rahm, Wein, Milch oder Wasser

Vier Lot Butter werden mit zwei Eiern und vier Eigelb schaumig gerührt, dann ein Viertelpfund Zucker, worauf eine Zitrone abgerieben, etwas Muskatblüten, Zimt, Anis und Koriander, alles recht fein gestoßen, nebst einem halben Pfund feinem Mehl daruntergerührt. Man verdünnt diese Masse mit einem Nösel Rahm, Wein, Milch oder Wasser, und darf solche nicht dicker als bei Eierkuchen sein. Das Hippeneisen wird auf beiden Seiten heiß gemacht und mit Speck bestrichen. Man gießt einen Löffel von der Masse darauf, dreht es etliche Male auf dem Feuer herum; schneidet die herausgetretene Masse mit dem Messer ringsherum ab, bäckt sie bei gelindem Feuer hellgelb und wickelt sie noch warm um einen hölzernen Stock.

Englische Schnitte

Man rührt ein gutes halbes Pfund feines trockenes Mehl mit sechzehn Eiern und so viel süßem Rahm, als nötig ist, zu einer Masse, etwas dicker, als man gewöhnlich zu Eierkuchen macht. Diese gießt man auf eine mit Butter stark bestrichene Tortenpfanne und bäckt sie bei sehr schwachem Feuer recht trocken, schneidet alsdann fingerlange und breite Stücken davon, ritzt solche noch einmal in der Mitte mit einem Messer und bäckt sie in heißem Schmalz. Man bestreut sie noch heiß mit Zucker und Zimt.

250 g Mehl
16 Eier
süßer Rahm
nach Bedarf
etwas Butter
Schmalz zum Backen
Zucker und Zimt
zum Bestreuen

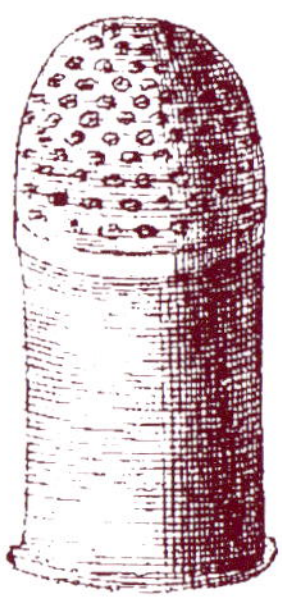

Kräpfel aus Schmalz

1 kg Mehl
250 g Butter
5 Eier
5 Eigelb
4 Essl. Bierhefe
60 g Zucker
0,5 l Milch
125 ml Rosenwasser
etwas gestoßene Muskatblüte
eingemachte Johannis- oder Himbeeren oder Apfelmarmelade mit Mandeln und Rosinen oder Pflaumenmus mit Zucker, Zimt und Mandeln
Schmalz zum Backen

Auf reichliche zwei Pfund gutes trockenes Mehl nimmt man ein halbes Pfund Butter, fünf ganze Eier und ebenso viele Dotter, vier Esslöffel gute Bierhefe, vier Lot Zucker und ein Nösel Milch. Die Milch wird warm gestellt, dass die Butter darinnen zerfließt, die Eier werden recht klar gequirlt, die Milch mit der Butter und den übrigen Zutaten, nebst einem Viertel-Nösel gutem Rosenwasser, auch ein wenig gestoßenen Muskatblüten daruntergetan und das Mehl damit angeschlagen. Der Teig wird so lange mit einem hölzernen Rührlöffel geschlagen, bis er sich ablöst; alsdann nimmt man solchen auf die Tafel, arbeitet noch ein wenig Mehl darunter und rollt ihn strohhalmdick aus. Man setzt von eingemachten Johannis- oder Himbeeren oder von Apfelmarmelade mit Mandeln und kleinen Rosinen oder auch von Pflaumenmus mit Zucker, Zimt und Mandeln vermischt eine Reihe kleiner Häufchen darauf, jedoch nicht zu nahe aneinander, durch die Breite des aufgerollten Teiges, schlägt die äußere Seite darüber her und schneidet mit dem Backrad Kräpfel daraus, welche man an der Wärme aufgehen lässt und dann in Schmalz schön goldgelb bäckt.

Zucker-Strauben

Man tue ein halbes Pfund feines Mehl und sechs Lot gestoßenen Zucker in ein irdenes Geschirr und rühre nach und nach das Weiße von zehn Eiern und ein wenig Wein dazu; doch darf es nicht zu stark gerührt werden, damit es nicht schäumt. Dann lässt man diese Masse durch einen Trichter mit einer engen Dille in heißes Schmalz laufen, wodurch runde Strauben formiert werden. Wenn sie gar sind, biegt man solche über ein Holz und bestreut sie mit Zucker und Zimt.

250 g Mehl
90 g Zucker
10 Eiweiß
etwas Wein
Schmalz zum Backen
Zucker und Zimt
zum Bestreuen

Blätter-Teig

500 g Mehl
500 g Butter
1 Ei
2 Teetassen Wasser

Von diesem ersten und vornehmsten Teig in unseren Küchen muss man niemals mehr als zwei Pfund, höchstens drei Pfund anmachen, denn schon diese Quantität ist nicht gut zu bearbeiten.
Auf ein Pfund feines Mehl nimmt man ein Pfund recht feste fette Butter, ein Ei, zwei gewöhnliche Teetassen voll recht frisches Wasser, und wenn man will, zwei Löffel voll guten Franzbranntwein; doch ist dieses nicht unumgänglich nötig. Das durchgesiebte Mehl wird auf die Tafel getan, in der Mitte ein Loch gemacht und mit dem Wasser und Ei zu einem Teig angerührt, welchen man recht zähe arbeitet, doch darf der Teig nicht fester sein, als ungefähr die Butter ist; dann legt man ihn in einer Serviette eine oder zwei Stunden an einen kühlen Ort, im Sommer am besten auf einen Stein im Keller. Die Butter muss im frischen Wasser ausgewaschen werden, und dann arbeitet man solche auf der Tafel durch, bis sie geschmeidig und zähe ist; darnach wird sie nochmals im Wasser durchgearbeitet, zu einer breiten Scheibe gedrückt, die man im Wasser liegen lässt. Im Sommer muss man die Butter in

recht kaltem Wasser so lange bearbeiten, bis solche fest und zähe, von der Konsistenz des Wasserteiges wird; dann lässt man sie, wo möglich, noch eine oder zwei Stunden in dem Eimer mit frischem Wasser stehen; doch darf sie nicht so hart werden, dass sie bricht, sondern sie muss fest und zäh bleiben, damit sie sich mit dem Teig egal austreiben lässt.
Der Wasserteig wird auf einem geraden Tisch ungefähr einen kleinen Finger dick ausgetrieben, die Butter mit einem Tuch wohl abgetrocknet, mit ein wenig Mehl eingepudert und mitten auf den Teig gelegt. Der Teig wird von vier Seiten darüber geschlagen und nach der Länge des Tisches, von der Stärke eines Pfeifenrohrs, nach Befinden auch noch dünner, ganz leicht ausgetrieben; dann legt man ihn übereinander, so, dass beide Enden in der Mitte zusammenstoßen, schlägt ihn noch einmal zusammen, treibt ihn wieder wie das erste Mal aus, und dieses wiederholt man auch zum dritten Mal. Alsdann lässt man den Teig eine gute halbe Stunde ausruhen und treibt solchen nachher zum vierten und letzten Mal auf obige Art aus. Das Ausruhen des Teiges zwischen dem dritten und vierten Mal Austreiben ist keineswegs ein gleichgültiger Umstand, sondern muss durchaus beobachtet werden,

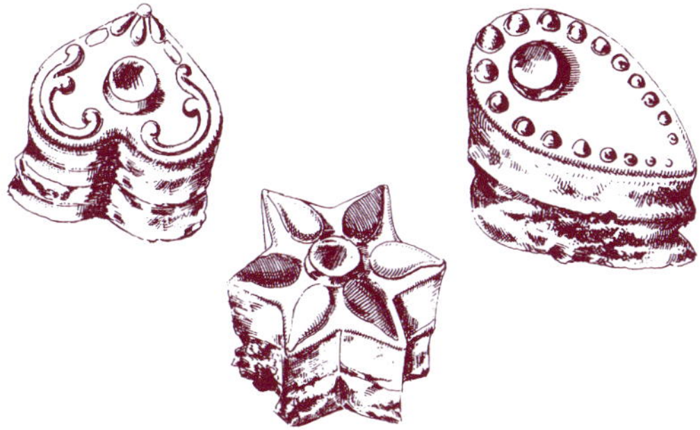

außerdem verbrennt die Butter und verliert die Kraft, den Teig zu heben. Überhaupt verlangt der Blätterteig eine sehr aufmerksame Behandlung, um gut zu werden, und im Sommer tut man wohl, wenn man ihn in einem Gewölbe oder Keller macht; denn sobald sich die Butter durch den Teig drückt und auf der Tafel anklebt, so taugt der Teig schlechterdings nichts, und man tut zu dieser Jahreszeit besser, wenn man keine schickliche Gelegenheit hat, sich des angerührten Teiges zu bedienen.
Im Winter macht es sich in einer temperierten Stube am besten, weil er in einem zu großen Grade von Kälte leicht springt und aufreißt, welches ebenfalls nicht sein darf, wenn der Teig gut werden soll.

Aprikosen-Torte

Blätterteig
(s. Rezept S. 99)
Aprikosen zum Belegen
Zucker zum Bestreuen

Die Torte wird von Blätterteig auf obige Art verfertigt, die Aprikosen einige Minuten in kochendes Wasser getan, damit sie sich schälen lassen, alsdann gespalten und die Torte damit belegt, doch so, dass immer eine halbe Aprikose an die andere, aber nicht übereinander kommt. Man lässt ebenfalls einen gute zwei Finger breiten Raum zum Rande. Man bestreut sie stark mit gestoßenem Zucker und setzt den Rand darauf; doch darf man keinen Deckel flechten, sondern man belegt stattdessen die Aprikosen mit einem rund geschnittenen Papier, damit solche eine schöne Farbe behalten, und bäckt die Torte. Die Kerne werden aufgeschlagen, geschält, voneinander gespalten und auf die Aprikosen gelegt, wenn die Torte aus der Röhre kommt. Ganz auf dieselbe Art werden Torten von Pflaumen, Reine-Claudes und Mirabellen gemacht. Dass man die Kerne weglässt, versteht sich von selbst. Bei Johannis-, Stachel- und Erdbeer-Torten bleibt nur zu bemerken, dass diese mit einem geflochtenen oder aufgeschnittenen Deckel belegt werden.

Reis-Torte

Blätterteig
(s. Rezept S. 99)
250 g Reis
1 l Wein
abgeriebene Schale
von 4 Zitronen
250 g Zucker
etwas Zitronat
oder:
Blätterteig
250 g Reis
(in Milch gekocht)
125 g Butter
9 Eigelb
zerlassene Butter
zum Begießen

Man lässt ein halbes Pfund gewaschenen und im Wasser einmal aufgekochten Reis mit einem Maß Wein ausquellen, doch darf er nicht zerkochen, noch weniger breiig werden, sondern die Körner müssen ganz bleiben. Hierauf reibt man vier Zitronen auf einem halben Pfund Zucker ab und mischt dieses mit etwas Zitronat unter den verkühlten Reis, worauf man die Masse auf die Torte streicht und backen lässt. Man kann auch den Reis in Milch kochen, ein Viertelpfund gute Butter hinzutun, wenn solcher verkühlt, sechs Eidotter darunterrühren und nachdem man ihn auf die Torte gestrichen, mit zerlassener Butter, worein man drei Eigelb gerührt hat, begießen.

Karlsbader Kollatschen

Man nimmt ein und ein halbes Pfund gutes Mehl auf den Tisch, macht mitten ein Loch und pflückt ein Pfund gute ausgewaschene Butter hinein. Sechs ganze Eier und vier Dotter werden mit einem Nösel Rahm oder Sahne recht klar geschlagen, nebst einem halben Nösel guter Hefen, zwölf Lot Zucker und etwas Muskatblüten. Dieses alles kommt zu dem Mehl und wird mit der Hand so lange geschlagen, bis sich der Teig ablöst. Davon werden runde Häufchen auf Butterpapier gesetzt, von der Größe eines halben Eies. Man lässt solche an der Wärme gehen, drückt alsdann in jedes eine kleine Vertiefung in der Mitte, welche man mit Eingemachtem füllt, dann wieder mit etwas zu Schnee geschlagenem Eiweiß und Zucker bedeckt und bei gelindem Feuer bäckt.

750 g Mehl
500 g Butter
6 Eier
4 Eigelb
0,5 l Rahm oder Sahne
250 g Hefe
180 g Zucker
etwas Muskatblüte
eingemachte Früchte zum Füllen

Augsburger Butter-Ringel

0,5 l Rahm
625 g Butter
250 g Hefe
etwas Muskat
abgeriebene Schale von
1 Zitrone
2 Eier
1 kg Mehl
Eigelb zum Bestreichen
Zucker und Zimt zum
Bestreuen

Man nehme ein Nösel guten Rahm in eine Kasserolle und tue ein und ein Viertelpfund gute ausgewaschene Butter hinein, setze es auf das Feuer und rühre so lange, bis die Butter zergangen ist. Wenn es wieder lauwarm ist, so rührt man ein halbes Nösel gute Hefen, etwas Muskat, das Abgeriebene einer Zitrone, zwei Eier und zuletzt zwei Pfund feines Mehl hinein. Der Teig wird mit einem hölzernen Löffel so lange geschlagen, bis er sich ablöst und so steif wird, dass man auf dem Tisch runde Ringel davon machen kann. Diese legt man auf ein mit Butterpapier belegtes Backblech, lässt sie gehen und bestreicht solche vor dem Backen mit Eidotter, worunter man etwas Rahm und zerlassene Butter geschlagen, bestreut sie mit Zucker und Zimt und bäckt sie wie Kollatschen.

Dresdner Asch- oder Napfkuchen

Man rührt ein Pfund gute Butter mit acht Eiern zu Schaum, mischt ein halbes Nösel guten Rahm, worinnen zwölf Lot Zucker zerschmolzen sind, einige Löffel Rosen- oder Orangenblütenwasser, das Abgeriebene einer Zitrone nebst etwas Muskatblüten und sechs Löffel gute Hefen dazu und rührt dies mit zwei Pfund feinem Mehl recht gut durcheinander. Nun tut man ein halbes Pfund große, ein halbes Pfund kleine Rosinen, vier Lot Zitronat und ein Viertelpfund klein geschnittene Mandeln dazu, streicht eine hinlänglich große Form mit Butter gut, jedoch nicht zu fett aus, bestreut sie mit gehackten Mandeln, tut den Teig hinein und lässt ihn langsam aufgehen. Noch ist zu bemerken, dass die Form nicht viel über die Hälfte angefüllt, noch auch der Kuchen, während er aufgeht, von der Stelle gerückt werden darf. Auch öffnet man die Röhre während des Backens nicht gern, noch weniger verrückt man den Kuchen: denn dieser wird dadurch entweder einsinken oder doch gewiss nicht so locker werden,

500 g Butter
8 Eier
250 ml Rahm
180 g Zucker
etwas Rosen- oder Orangenblütenwasser
abgeriebene Schale von 1 Zitrone
etwas Muskatblüte
6 Teel. Hefe
1 kg Mehl
250 g große Rosinen
250 g kleine Rosinen
60 g Zitronat
125 g geschnittene Mandeln
gehackte Mandeln zum Bestreuen

als man wünscht. Zum Backen braucht man ungefähr anderthalb Stunden und nicht allzu starke Hitze.

Braunschweiger Kuchen

Man nimmt zwei Pfund feines Mehl auf die Tafel, macht in der Mitte ein Loch und zupft drei Viertelpfund ausgewaschene Butter hinein, tut ein und ein halbes Nösel Milch, fünf ganze Eier, vier Lot gestoßenen Zucker, das Abgeriebene einer Zitrone nebst einer Muskatnuss und vier Löffel gute Hefen dazu und arbeitet dieses zu einem Teig, und zuletzt arbeitet man noch ein halbes Pfund kleine Rosinen dazu. Man rollt den Teig aus, doch muss solcher wenigstens so dick wie ein kleiner Finger bleiben, legt um den Rand große Rosinen und schlägt den Teig darüber her; alsdann wird durch die Länge des Kuchens der Teig in erhabene Riefen mit den Fingern gezwickt, sodass jede Riefe zwei Finger breit von der andern zu stehen kommt. Der Kuchen muss an einem temperierten Ort langsam gehen. Vor dem Backen wird er reichlich mit zerlassener Butter begossen, stark mit Zucker und Zimt bestreut und eine gute Stunde bei mittelmäßiger Hitze gebacken.

1 kg Mehl
375 g Butter
750 ml Milch
5 Eier
60 g Zucker
abgeriebene Schale von 1 Zitrone
Muskat
4 Teel. Hefe
250 g kleine Rosinen
große Rosinen zum Belegen
zerlassene Butter zum Begießen
Zucker und Zimt zum Bestreuen

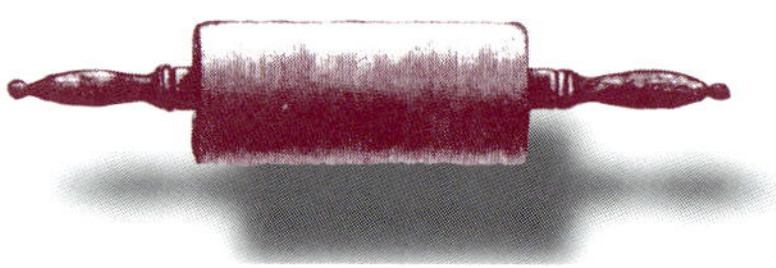

Erfrischend: Gefrorenes

Rahm-Gefrorenes

1,5 l süßer Rahm
16 Eigelb
250 g Zucker

Man nehme drei Nösel guten süßen Rahm und schlage solchen mit sechzehn Eidottern vermittels eines Schlagbesens wohl durcheinander. Ein halbes Pfund Zucker wird geläutert* und die Masse von Rahm und Eiern daruntergerührt, alsdann durch ein Haarsieb passiert, und wenn es ganz kalt ist, in die Frierbüchse getan und gefroren.

* Zucker zu läutern für Gefrorenes: Zu einem halben Pfund Zucker wird ein halbes Nösel Wasser genommen und in einer Kasserolle, welche wenigstens zwei Maß hält, auf ein Kohlenfeuer gesetzt und gekocht. Wenn nun der Schaum von dem Zucker in die Höhe steigt, so wird solcher mit einem Schaumlöffel abgenommen, der Zucker aber bis zum Flug, das ist, so lange eingekocht, bis sich einige Blasen, wenn man auf die Löcherchen des Schaumlöffels bläst, am Hinterteil des Schaumlöffels, der erst aus dem kochenden Zucker genommen wird, zeigen, welches das Merkmal ist, dass das Wasser größtenteils

verraucht ist. Hierauf wird er vom Feuer genommen, und wenn er zu Saftgefrorenem bestimmt ist, so gebraucht man ihn, wie es bei einer jeden Sorte vorgeschrieben ist; soll er aber mit Rahm und Eiern legiert werden, so wird die Masse von Rahm und Eiern, so wie er vom Feuer kommt, daruntergerührt und nachher erst wieder auf ein sehr gelindes Feuer gesetzt und so lange gerührt, bis die Masse anfängt dicker zu werden und nicht mehr so rein, wie vorher, vom Löffel abläuft; doch darf solche durchaus nicht kochen. Man hebt alsdann die Kasserolle vom Feuer ab und passiert die Masse durch ein Haarsieb in ein irdenes Geschirr.

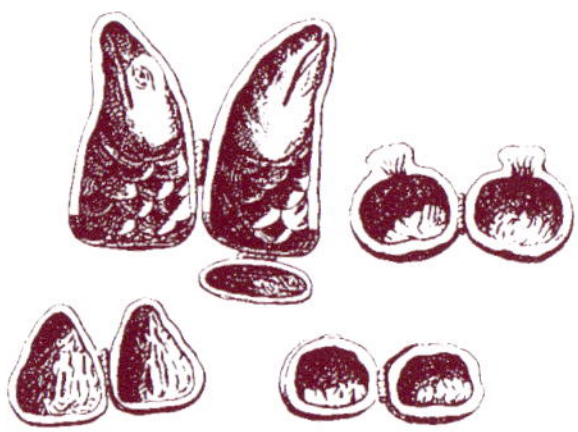

Rahm-Gefrorenes mit leichtem Biskuit

Sechzehn Eidotter werden mit drei Nösel Rahm geschlagen und mit zwölf Lot geläutertem Zucker ablegiert. Wenn dieses geschehen, so wird ein halbes Pfund leichter Biskuit gestoßen, durch ein Mehlsieb passiert und unter die Masse getan, gut durchgerührt und alsdann gefroren.

16 Eigelb
1,5 l Rahm
180 g Zucker
250 g Biskuit

Flüssiges Punsch-Gefrorenes

750 g Zucker
1,5 l Wasser
Saft von 12 Zitronen
abgeriebene Schale
von 4 Zitronen
4 Teel. Tee
1 l Champagner
1 l Arrak

Ein und ein halbes Pfund Zucker wird mit einem Nösel Wasser gekocht und gehörig geschäumt, von zwölf schönen Zitronen der Saft und von vier Stück die abgeriebene Schale sowie ein Maß Wasser, worin ein halbes Lot guter Tee gekocht worden ist, dazugetan und diese Masse durch ein Haarsieb in eine sehr große Frierbüchse gegossen. Man lässt dieselbe jedoch nicht ganz fest frieren und kurz vorher, ehe sie serviert wird, arbeitet man ein Maß Champagner und ein Maß Arrak darunter, um sie flüssiger zu machen. Dieses Gefrorene wird aus Champagnergläsern getrunken.

Neapolitanische Bombe, eigentlich Balomba

12 Eigelb
180 g Zucker
0,5 l Wasser

Zwölf Eidotter, zwölf Lot gestoßener Zucker, ein Nösel Wasser werden in einer Kasserolle auf dem Feuer so lange abgerührt, bis sie sich auf dem Boden wie Samm* ansetzen. Jetzt wird er abgehoben, durch ein Sieb in einen ziemlich großen Kessel gegossen und mit einem Schlagbesen so lange geschlagen, bis er wie eine Biskuitmasse gequollen und kalt geworden ist. Diese Masse, welche nun wenigstens reichlich drei Nösel enthält, wird in eine hinlänglich große Gefrierbüchse getan und in Eis gesetzt. Nach zwei Stunden sehe man darnach und gieße wieder etwas von der zurückbehaltenen Masse dazu, weil sich diese etwas während des Gefrierens setzt. Man lässt es nun noch ungefähr eine Stunde frieren, und wenn man es anrichten will, wird die Gefrierbüchse eine Minute lang in kaltes Wasser gehalten, wodurch die Masse bei dem Umstürzen sehr schnell herausgeht. Man serviert dieses Gefrorene ganz so, wie es aus der Büchse kommt, und stürzt es auf einen mit einer zierlich gebrochenen Serviette belegten Teller. Am schönsten wird es in einer Büchse von englischem Blech, welcher man zugleich nach Belieben eine schöne geschmackvolle Form geben lässt. Dieses in seiner Art einzige und zugleich beliebteste alles Gefrorenen verdankt man dem Zufall. Der Beichtvater des Königs von Neapel durfte seiner schwachen Brust wegen nur Gefrorenes von Tee und Eidottern genießen; aus Versehen hatte der junge Mensch, welcher es bereiten musste, die Masse zu lange auf dem Feuer abgeschlagen. Hierdurch bekam diese weit mehr Konsistenz, und so entstand eine neue Art von Eis, welchem ganz Neapel seinen Beifall schenkte …

* Sämiges, Gestocktes

Kaffee-Gefrorenes

1,5 l süßer Rahm
0,5 l starker Kaffee
1 kleines Stück Vanille
16 Eigelb
250 g Zucker

Man nimmt drei Nösel süßen Rahm und lässt solchen bei gelindem Feuer bis auf ein Maß einkochen, gießt alsdann ein Nösel starken, filtrierten, nicht gekochten, wohlschmeckenden Kaffee dazu, welchem man, wenn man es liebt, durch ein kleines Stückchen Vanille, das man in den Filtriersack legt, noch einen besonders lieblichen Geschmack geben kann. Hierauf schlägt man sechzehn Eidotter darunter, tut ein halbes Pfund geläuterten Zucker dazu, und, nachdem es durch das Haarsieb passiert, lässt man es frieren.

Erdbeer-Gefrorenes

3 kg Erdbeeren
Saft von 2 Zitronen
375 g Zucker
0,5 l Wasser
250 ml Muskatsekt
oder Malagawein

Drei Maß recht reife Erdbeeren werden gewaschen und auf ein Sieb geschüttet, damit sie wieder abtrocknen, alsdann durch ein Haarsieb gedrückt und der Saft von zwei Zitronen dazugetan. Man läutert drei Viertelpfund Zucker mit einem Nösel Wasser, tut, wenn solcher verkühlt, die Erdbeeren hinein, passiert solche durch ein Haarsieb, und gießt, ehe es friert, ein halbes Nösel guten Muskatsekt oder Malagawein dazu.

Kirsch-Gefrorenes

500 g Sauerkirschen
500 g Zucker
0,5 l Wasser
250 ml Muskatwein

Man wäscht ein Pfund reife Sauerkirschen rein ab, zupft sie von den Stielen, und nachdem man sie ausgekernt hat, presst man solche durch ein leinenes Tuch. Die Kerne werden gestoßen, in ein irdenes Geschirr getan und der Kirschsaft dazugegossen, man muss aber solchen wenigstens eine gute Stunde darüber stehen lassen, damit er den Geschmack der Kerne annehmen kann. Man läutert ein Pfund Zucker mit einem Nösel Wasser, setzt ihn vom Feuer weg, und nachdem er verkühlt, gießt man den durchs Sieb passierten Kirschsaft nebst einem halben Nösel guten Muskatwein oder Lünell dazu und lässt es frieren.

Gewichtstabelle

1 Lot = 15–16 g
1 Maß = 1 l oder 1 kg
1 Nösel = 500 ml oder 500 g
1 Pfund = 500 g
1 Quartier = 0,9 l
1 Quente = 2 g

Register der Rezepte

Getränke

Bavaroise oder Bayerischer Tee 66
Dreifuß 67
Glühwein 66
Orgeade oder Mandelmilch 67
Punsch, gewöhnlich und englische Art 58/59
Schokolade 64/65
Wasser, Himmbeer u. Kirsche 68
Whist 63

Cremes, Gelees und glacierte Früchte

Creme von Schokolade 71
Eier-Schnee 72
Jungfrauen-Creme 70
Gelee 73/74
Glaciertes 75/76
Rahm oder Sahne 69/70

Backwerk

Anis-Strötzel 79
Augsburger Butter-Ringel 105
Berliner Zuckerbogen 83
Blätter-Teig 99
Englische Schnitte 96
Hirsch-Zungen 80
Hohlhippen 95
Karlsbader Kollatschen 104
Kräpfel aus Schmalz 97
Kuchen 77/82/86/106/108
Mandel-Späne 84
Runder Karlsbader Biskuit 86
Schokoladen-Biskuit 85
Torten und Törtchen 78/81/88/90/91/92/102/103
Ulmer Brot 83
Vanille-Nüsschen 84
Waffeln 94
Wiener Eisbogen 85
Zucker-Strauben 98

Erfrischendes

Flüssiges Punsch-Gefrorenes 111
Gefrorenes 114/115
Neapolitanische Bombe 112
Rahm-Gefrorenes 109/110

Literaturverzeichnis (Auswahl)

Biedrzynski, Effi: Goethes Weimar, Zürich 1992.
Bode, Wilhelm: Der Musenhof der Herzogin Amalie, Berlin 1908.
Bode, Wilhelm: Ein Lebensabend im Künstlerkreise, Berlin 1908.
Bornhak, Friderike: Anna Amalia, Herzogin von Sachsen-Weimar-Eisenach, Berlin 1892.
Busch-Salmen, Gabriele; Salmen, Walter; Michel, Christoph: Der Weimarer Musenhof: Dichtung, Musik und Tanz, Gartenkunst, Geselligkeit, Malerei, Stuttgart/Weimar 1998.
Der „Musenhof" Anna Amalias: Geselligkeit, Mäzenatentum und Kunstliebhaberei im klassischen Weimar/hrsg. von Joachim Berger, Köln/Weimar/Wien 2001.
Gleichen-Rußwurm, Alexander von: Das galante Europa, Stuttgart 1921.
Heyden-Rynsch, Verena von der: Europäische Salons. Höhepunkte einer versunkenen weiblichen Kultur, München 1992.
Klauß, Jochen: Weimar: Stadt der Dichter, Denker und Mäzene. Düsseldorf/Zürich 1999.
Kömedie, Gustav: Deutscher Literaturatlas, Marburg 1909.
Le Goullon, François: Der elegante Theetisch oder Die Kunst, einen glänzenden Zirkel auf geschmackvolle und anständige Art ohne großen Aufwand zu bewirthen, Weimar o. J. (ca. 1815).
Le Goullon, François: Der elegante Theetisch. Nachdruck der Ausgabe Weimar 1829, Leipzig 1988.
Le Goullon, François: Der neue Apicius oder die Bewirtung vornehmer Gäste, Nachdruck der Ausgabe Weimar 1829, Leipzig 1984.
Salentin, Ursula: Anna Amalia: Wegbereiterin der Weimarer Klassik, Köln/Weimar/Wien 2001.
Schmidt-Möbus, Friederike; Möbus, Frank: Kleine Kulturgeschichte Weimars, Köln/Weimar/Wien 1998.
Wahl, Hans: Das Wittumspalais der Herzogin Anna Amalia, Leipzig 1927.
Wahl, Volker: „Meine Gedanken". Autobiographische Aufzeichnungen der Herzogin Anna Amalia von Sachsen-Weimar. In: Wolfenbütteler Beiträge/hrsg. von Paul Raabe, Bd. 9, Wolfenbüttel 1994.

Inhalt

Vorwort 5

Erlöst von harten Banden 7

Kindheit am Musenhof 8
Fast ein Akt von Dressur 9
Prinzessin mit spitzer Zunge 11
Abschied von Braunschweig 13
Freude und Trauer 15

„... auf einmal erwachten bey mir alle Leidenschaften ...“ 17

Regieren und flanieren 18
Wenig Zeit für Kultur 21
Gewissenhafte Mutter 22

Gewöhnlich montags wird gelesen 25

Rückzug und neuer Anfang 26
Noch mehr kluge Köpfe 30
Sommers ist Tischgesellschaft in Tiefurt 34

Sehnsucht nach Italien 37
Verändertes Weimar 40
Jean Paul macht große Sensation 44
Die Musen schlafen ziemlich 47

Dichtung und Prinzessen-Törtchen 52

Am eleganten Teetisch 55

Rezepte 57

Heiß oder kalt: Getränke für jeden Geschmack 58
Zum Naschen: Cremes, Gelees und glacierte Früchte 69
Für Leckermäuler: Kuchen, Törtchen und Waffeln 77
Erfrischend: Gefrorenes 109

Gewichtstabelle 115

Register der Rezepte 116

Literaturverzeichnis 117

Abbildungsnachweis 120

Umschlagabbildungen: Karoline Friederike Friedrich, Wein und Backwerk, 1799. Galerie Alte Meister, Staatliche Kunstsammlungen Dresden.
Johann Ernst Heinsius, Anna Amalia (Ausschnitt)

Bibliografische Information Der Deutschen Bibliothek

Die Deutsche Bibliothek verzeichnet diese Publikation in der Deutschen Nationalbibliografie; detaillierte bibliografische Daten sind im Internet über http://dnb.ddb.de abrufbar.

Abbildungsnachweis

Bode, Wilhelm, Der Musenhof der Herzogin Amalie, Berlin 1908: 14, 19, 24, 27, 32, 41, 45
Bode, Wilhelm, Ein Lebensabend im Künstlerkreise, Berlin 1908: 38, 39, 43, 49
Die Bildnisse Carl Augusts von Weimar / hrsg. von Hans Wahl, Weimar 1925: 16
Heinsius, Johann Ernst, Sachsen-Weimar-Eisenach, Anna Amalia Herzogin von geb. Prinzessin von Braunschweig-Wolfenbüttel, um 1773. Klassik Stiftung Weimar, Weimar: 4
Könnecke, Gustav, Deutscher Literaturatlas, Marburg 1909: 28, 31, 35, 36, 53
Kraus, Georg Melchior, Abendgesellschaft bei Anna Amalia „Tafelrunde", um 1795, Klassik Stiftung Weimar, Weimar: 43

Alle anderen Abbildungen stammen aus dem Verlagsarchiv.

Gesamtherstellung: Husum Druck- und Verlagsgesellschaft
Postfach 1480, D-25804 Husum – www.verlagsgruppe.de

ISBN 978-3-89876-329-5